인간 사용설명서인 성경이 알려주는 모든 질병 치유법

금식이 답이다!
빛과 소금이 약이다!

| 박성민 지음 |

금식이
답이다!
빛과 소금이
약이다!

서문

인간 사용설명서

인간 사용설명서인 성경이 알려주는 모든 질병 치유법
몸에 나쁜 것은 빼주고 좋은 것은 넣어 주라!
고혈압·당뇨·암·아토피·불치/난치 희귀병
금식이 답이다! 빛과 소금이 약이다!

이사야 58장 6, 8, 11절
"나의 기뻐하는 금식은 흉악의 결박을 풀어 주며 멍에의 줄을 끌러주며 압제당하는 자를 자유케 하며 모든 멍에를 꺾는 것이 아니겠느냐"(6)
"그리하면 네 빛이 아침같이 비췰 것이며 네 치료가 급속할 것이며 네 의가 네 앞에 행하고 여호와의 영광이 네 뒤에서 호위하리니"(8)
"나 여호와가 너를 항상 인도하여 마른 곳에서도 네 영혼을 만족케 하며 네 뼈를 견고케 하리니 너는 물 댄 동산 같겠고 물이 끊어지지 아니하는 샘 같을 것이라"(11)

하나님께서는 사람을 창조하실 때 완벽하게 만드셔서 어떤 피조물보다 보시기에 좋았더라고 말씀하셨습니다. 그래서 인간들이 부주의로 질병에 걸리더라도 스스로 해결할 수 있는 자체 치유력을 몸속에 넣어 놓으셨습니다. 그리고 몸의 자체 치유 한계를 벗어나 질병에 걸리더라도 금식과 대자연의 약초들과 식물들을 섭취하여 해결할 수 있도록 창조하셨습니다.

인간들이 만든 것 중에서 가장 복잡한, 부품이 수만 개나 들어간다는 비행기도, 자동차도, 컴퓨터도 고장이 나면 수리를 해서 새 제품같이 사용할 수 있도록 A/S를 해주는 것은 제조회사의 당연한 책임이고 상식입니다. 비행기나 자동차, 컴퓨터가 고장이 나면 아주 쉽게 고치는 방법이 있습니다. 그것은 제조회사에 A/S를 요청하거나, 제품을 가지고 A/S 센터에 방문하는 것입니다.

고장 정도가 미미하거나 심각한 고장이 아닌 경우에는 본인이 집이나 현장에서 간단하게 해결할 수도 있습니다. 그것은 제품과 함께 필수적으로 제공되는 사용설명서를 찾아서 사용 매뉴얼대로 사용하였는지를 확인해 보고, 사용상 부주의한 것은 없었는지를 꼼꼼히 점검해 보는 것입니다. 전압은 맞는지, 기름은 제대로 주입했는지, 무리하게 사용하지는 않았는지, 나사나 벨트가 풀리지는 않았는지 등을 꼼꼼하게 점검해 보고, 사용설명서대로 하나하나 고쳐나가면 처음처럼 기능이 회복될 수 있습니다.

사람도 마찬가지 원리로 치유할 수 있습니다.
여기저기 아프고 고장이 나서 질병으로 고생을 한다면 인간 사용설명서대로 사용하였는지 꼼꼼히 점검해 보아야 합니다. 특히 우리의 몸은 먹은 대로, 심은 대로 거두기 때문에, 즉 우리가 섭취하는 음식물은 건강이나 질병과 밀접한 관계가 있기 때문에, 음식에 신선한 재료를 사용하였는지, 유통기한이 지나지 않았는지, 좋지 않은 합성첨가물이나 인공감미료가 들어가지 않았는지, 욕심으로 몸을 혹사시키지 않았는지, 적당한 휴식과 운동을 하였는지, 정신적·정서적 안정을 위해 신앙생활이나 취미활동을 하여 스트레스를 해소하고 심신이 안정되어 있는지 등 질병의 원인을 매뉴얼에 비추어 상세하게 점검해야 합니다.

　인간이 만든 엄청나게 복잡하고 정밀한 기계인 비행기도, 자동차나 컴퓨터도 수리가 가능하고, 언제든지 매뉴얼대로만 사용하면서 잘 관리하면 수십 년은 사용하는 데 아무런 문제가 없습니다. 그래서 모든 제품은 사용설명서가 필수적으로 제공됩니다. 또한 모든 제품의 사용설명서는 제조사에서만 제공되며, A/S 또한 제조회사에서 가장 잘합니다. 보잉 747 비행기는 보잉사가, 삼성 갤럭시 휴대폰은 삼성전자가, LG 세탁기·TV·냉장고는 LG전자가 그 제품에 대해 가장 잘 알고 있으며 사용설명서를 만들어 제공하고 A/S까지 책임지는 것은 너무나 당연합니다.

　그러면 이즈음에서 인간 사용설명서가 어디에 있느냐고, 봤냐고, 질문하거나 궁금해하실 수 있습니다. 세상의 모든 제품은 제품을 만든 회사에서 그 제품의 사용설명서를 만들고 고객에게 제공하는 것이 불문율입니다.

그러면 우선 사람은 누가 만들었는지를 알아야겠지요?

성경 창세기 1장에서 사람은 하나님께서 만들었다고 분명히 말씀하고 있습니다. 그렇다면 인간에 대한 사용설명서는 누가 만들어야 할까요? 누가 사람에 대하여 가장 잘 알고, 또 고장이 나면 A/S는 누가 해야 할까요?

세상 모든 제품의 사용설명서는 제품과 함께 제공되는데, 인간은 알몸으로 이 땅에 태어나기에 인간 사용설명서는 없다고 생각하는 사람이 대부분이지요. 하지만 하나님께서는 사람을 특별히 사랑하셔서 특별한 방법으로 인간 사용설명서를 우리에게 제공하셨습니다. 그것은 바로 인간을 만들고 천지 만물을 창조하신 하나님의 말쓰인 성경입니다.

그 속에는 세상 모든 것의 매뉴얼이 기록되어 있지만, 특별히 인간의 창조 목적과 이유를 비롯한 삶의 방법, 병에 걸렸을 때 해결할 수 있는 방법까지, 인간에 관한 모든 것이 아주 상세하게 기록되어 있습니다. 구체적인 방법은 본론에서 자세히 알려드리도록 하겠습니다.

아무쪼록 이 책이 독자들의 건강 관리와 질병 치유에 많은 도움이 되고, 독자들이 건강하고 활기차며 복된 삶을 사는 복된 영혼이 되시기를 간절히 바라면서 제가 믿는 창조주 하나님, 인간 사용설명서를 주신 하나님께 감사하는 마음으로 책을 시작해 봅니다.

> 2024년 9월 가을의 풍성한 열매를 바라며
> 사람과 독자를 사랑하는 저자

점쟁이, 스님, 목사, 의사의 붕어 살리기 경연대회

어느 날 나라님께서 붕어들이 개천에서 병들어 죽어가는 것이 안타까워 붕어를 살려내면 큰 상을 내리겠다고 인터넷에 방을 냈다.

그러자 점쟁이, 스님, 목사, 의사 등 각종 전문가들이 큰 상금을 받기 위해 구름떼같이 모여들어 붕어를 살릴 묘책을 선보였다.

첫 번째 주자로 점쟁이가 나섰다. 액운과 삼재가 들어서 붕어들이 죽어가니까 큰 굿을 해서 액운을 달래야 한다며 개천가에서 화려한 옷을 입고 춤을 추고, 징을 두드리고, 작두를 타고, 말 그대로 난리굿을 밤새도록 벌여 붕어들을 살려보려 애썼지만 개천만 더 오염되고, 붕어들이 살아나기는커녕 더 많이 죽게 되어 탈락했다.

다음은 우리의 '호프' 스님이 수많은 신자의 열렬한 환호를 받으며 출전했다.

"사실 절에 계신 스님들은 거의 이런 일(치유)을 하지 않습니다. 붕어가 병이 든 것은 그 붕어의 업보입니다. 붕어 스스로 공기 좋고 물 좋은 곳을 찾아가서 살아나야 합니다."

그래도 몇몇 붕어들이 지푸라기라도 잡는 심정으로 스님을 찾아가 살려달라 했다. 스님은 살생을 많이 하고 업보가 많아 하늘이 노하고, 개천 신이 노하고, 정성이 부족해서 붕어들이 죽어가니 액운을 없애기 위해 천일기도를 하고, 손이 발이 되도록 빌고 또 빌고, 허리에 디스크가 걸리도록 절을 해야 한다고 했다. 또 부적을 붙여서 잡귀들을 물리쳐야 한다며, 온천지에 부적을 안 붙이는 데 없이 천장, 문지방, 기둥, 침대 밑, 베개 밑, 책상, 밥상에 붙였다. 그것도 부족해서 지갑에, 호주머니에, 심지어 속옷에까지 넣고 야단법석을 떨어보지만, 붕어가 살아나기는커녕 죽어만 갔다. 이 일을 어찌할꼬? 결국 스님도 한탄하며 기권하고 말았다.

다음으로 스님의 기권은 너무나 당연한 결과라며, 보무도 당당하게 '할렐루야'를 외치며 목사님이 출전하였다. 목사님은 우선 일의 중요성을 신속히 파악하고, 믿음이 좋은 성도 몇 명을 선발하여 대동하고, 아파 죽어가는 붕어를 직접 심방(찾아가는 것)했다. 그리고 붕어의 상태를 이것저것 살피며 아주 심각하게 마음 아파했다. 정말 안타까운 심정으로 붕어를 위로하고, 붕어의 죄 때문에 붕어가 병들어 죽어간다면서 죄 문제를 해결하자고 눈물을 흘리며 기도하고 찬송하며 예배를 드리고 난 후 목사님은 병원에 가서 치

료를 받으라고 붕어에게 아주 친절하게 안내해 주었다. 그리고 교회 주보에 어떤 붕어가 아파서 죽게 되었으니까 함께 기도해 달라고 부탁했다. 이렇게 해서 옛날에는 아주 많이, 지금도 가끔은 붕어가 좋아지고 살아나기도 한다. 단, 성령(聖靈)님의 강한 역사하심과 정말로 어린아이와 같이 깨끗하고 순전한 믿음이 따라야 한다.

마지막 선수로 의사 선생님이 하얀 가운을 멋있게 차려입고 나타나 무슨 점쟁이, 스님, 목사 등 아무 자격도 없고 면허도 없는 사람들이 대회에 참가했느냐며 주최 측에 매우 강하게 항의했다. 이어 대회 출전 자격은 본인에게만 있고, 상금은 전부 본인 것이라며, 간호사에게 아파서 죽어간다는 붕어를 부르라고 했다.

여기서 의사 선생님들의 치료법에 관해 이야기해 보자.

아무리 붕어가 아파 죽어간다고 해도 절대로 의사 선생님들은 붕어를 찾아가지는 않는다. 다만 가족 중에 의사가 있거나 돈이 아주 많은 붕어에 한해 주치의께서 왕진을 가기도 하지만, 일반 서민 붕어는 꿈도 못 꾸는 일이 된 지 오래다. 아픈 붕어는 병원에 가다가 길바닥에서 죽는 한이 있더라도 직접 의사 선생님을 찾아가야 한다. 그럼 아픈 몸뚱이를 이끌고 병원으로 간다고 해서 의사 선생님을 바로 만날 수 있느냐? 노! 익히 알고 있듯 원무과에 가서 의료보험 카드를 내고 번호표를 받고 기다려야 한다. 물론 돈이 많아서 일명 '촉진료'라는 것을 내고 바로 선생님을 뵐 수 있는 성은을 입는 부러운 붕어가 있긴 하다. 하지만 힘없고 '빽' 없는 붕어는 하염없이 기다리다 로또 당첨되듯 번호가 불리고 귀하신 의사 선생님을 만나지만,

몇 마디 하지도 듣지도 않았는데 온갖 검사들을 시킨다. 대·소변검사, 혈액검사, 엑스레이, MRI 검사, 내시경, CT 촬영, 조직검사 등 검사만 받는 데 몇 날이 걸리기도 하고, 검사받다가 녹초가 되는 경우가 태반이다.

아픈 붕어들은 온갖 고가의 비싼 검사비를 내고 검사만 하면 병이 나을 거라는 막연한 희망 때문에 보험 적용도 안 된다는 고가의 검사도 울며 겨자 먹기로 시키는 대로 한다. 치료가 되기도 전에 고가의 검사비를 내면서도 아무런 불평도 하지 못한다. 그렇게 해야만 치료가 되고 살 수 있다고 생각하기에 비싼 대가를 치르는 것이다.

병의 원인을 안다는 것은 치료에 아주 중요한 일이지만, 지금 병원에서 하는 검사들이 치료에 얼마나 도움이 될지 의문을 품지 않을 수 없다. 혹 진료비만 높이려는 얄팍한 상술은 아닌지 의사들과 병원 측에 묻고 싶다. 검사만 하면 치료가 된다고 착각하는 착하고 무지하고 순진한 붕어 여러분! 검사는 치료가 아니고 말 그대로 검사일 뿐이다. 제대로 된 의사 선생님이라면 붕어의 상태만 봐도 병의 원인이 무엇이며, 치료 방법은 무엇인지 머릿속에 그려져야 하지 않겠는가? 물론 꼭 필요한 검사는 해봐야 하겠지만, 필요 없는 검사들로 붕어들을 더 고통스럽게 하지는 않았으면 하는 게 붕어들의 간절한 바람인 것이다.

하여간 온갖 검사가 끝나고 며칠이 지나 결과를 들어보면, 검사를 안 해도 누구나 알 수 있는 내용이다. 썩는 냄새가 나는 것은 개천이 오염되어 물이 썩었기 때문이라고 한다. 그러면서 의사 선생님은 엄청난 양의 방향제를 뿌려서 냄새를 중화하기만 한다. 또한 붕어들이 죽어가는 것은 물속에 나쁜 균들이 많아서라며 맹독성 항생제에 절인다.

붕어가 통증이 심하다고 하소연하면 진통제로 신경을 마비시켜 잠깐 통증을 못 느끼게 해준다. 그러면 치료가 다 된 줄로 아는 순진한 붕어들이 너무나 많다. 이러한 치료 방법은 근본적인 해결책이 아니라 임시방편, 즉 언 발에 오줌 누는 격이요, 고장 난 수도에 물걸레질하는 것에 불과하다.

결국 이러한 치료는 약기운이 떨어지면 통증이 더 심해질 뿐 아니라 증상은 더 악화되고, 그러면 또 병원 가서 돈 주고 약 받아오고, 오늘도 내일도 일 년, 이 년, 몇십 년을 병원 문지방이 닳도록 다녀도 병이 나아지기는커녕 더 악화되기만 한다. 그리고 병원에선 의사 선생님 왈, 당신 병은 불치병, 난치병이니 평생 약을 먹으라 한다. 이것이 무슨 치료인지 황당하기 이루 말할 수 없는데, 자기들만 자격이 있으니 아무도 손대지 말라고 주장하며 지금껏 버티고 있다. 환자를 살리기는커녕 병을 더 악화시키고 병원 단골손님으로 만들어 돈만 빼먹다가 버린다는 느낌이 들게 하는 대한민국 의료 현실에 기가 막히고 코가 막혀서 죽을 것 같다.

개천이 오염되어 붕어들이 병들고 죽어가는 것을 해결하는 방법은 개천을 말끔하게 청소하는 것이다. 다시 말하자면, 임시방편으로 방향제나 진통제나 항생제로 해결할 것이 아니라, 붕어들이 건강하게 살 수 있는 환경을 만드는 것이다. 더러운 병균들이 떠나거나 사라지도록 오물들을 제거하고, 병균들이 서식할 수 없는 조건을 만들어주면, 기존에 앓던 병도 자연스럽게 치유되고 회복되는 것이 자연의 원리이다. 우리 인체가 가진 신묘막측(神妙幕側)한 자연치유력이다.

우리 몸의 질병도 이와 같은 방법으로 해결해야 치료과정에서 나타나는 각종 부작용 없이 근본적으로 회복되어 건강한 삶을 영위하고 질병에서 해방될 수 있다.

이러한 근본적 치유를 인간 사용 매뉴얼인 성경적 질병 치유라 명명(命名)하고, 고혈압, 당뇨, 아토피, 각종 암과 생활 습관병 등 불치·난치·희귀 질병들을 스스로 치유하고 병에서 해방되는 방안을 알려드리고자 한다.

우리 모두가 더는 질병으로 고통받지 않고, 의료보험 카드 찾지 않고, 의료진들에게 상처받지 않고, 병원이나 약과는 관계없는 건강한 삶을 살기를 간절히 바라면서 인간 사용설명서를 주신 하나님께 감사를 드린다.

차례

서문_ 　인간 사용설명서 • 4
점쟁이, 스님, 목사, 의사의 붕어 살리기 경연대회 • 10

1장 첨단시대를 사는 구석기 사람들

1. 의사 말을 맹신하는 맹신병 환자들 _22
2. 병원과 의사는 넘쳐나는데 환자와 질병은 왜 줄어들지 않을까? _25
3. 병보다 더 무서운 약도 있다 _27
   - 살려고 먹은 약이 오히려 독이 될 수 있다
4. 병보다 더 무서운 의사도 있다 _31
   - 수리는커녕 더 고장 내고도 수리비 받는 곳!
5. 병보다 더 무서운 한의사도 있다 _34
6. 병보다 더 무서운 병원도 있다 _36
   - 살려고 찾아간 병원이 오히려 사람을 죽일 수도 있다.
7. 병보다 더 무서운 제약회사도 있다 _39

🍁 포기하지 마세요

2장 인간 사용설명서 점검하여 질병의 원인 찾기

1. 질병은 원인을 알면 쉽게 해결할 수 있다 _44
2. 먹은 대로, 심은 대로 거둔다 _46
3. 병의 원인을 내가 모르면 치유도 어렵다 _48

4. 만병의 근원 스트레스 _49
🍁 불치·난치·희귀병에 걸리기 쉬운 사람들

3장 인간 사용설명서에 따른 치유를 위한 구체적 방안

1. 치유의 원리 _70
   - 대자연 속에, 인체 속에, 성경 속에 살길이 있다
2. 하수구같이 썩어가는 몸 _73
   - 청소 좀 하면서 살자
3. 사람을 병들게 하는 음식 _76

🍁 돼지, 소, 닭의 체온은 몇 도일까?

🍁 돼지가 처음이자 마지막으로 하는 목욕은?

4. 사람을 살리는 음식 _81
   - 휘발유 자동차에 경유를 넣고 운행하면 어떻게 될까?
5. 금식 - 모든 질병 치유의 출발점 _84
6. 소금 - 명약과 극약(막 9:50) _92

🍁 염분 부족으로 나타나는 증상

7. 빛(열) - 치료의 광선 _97
8. 장 청소 _102
9. 된장 찜질 _105
10. 냉온욕 _107
11. 간(肝) 청소 _112
12. 삼림욕, 휴식 _115

13. 영양 - 결핍과 과잉의 충격 _118
14. 물 - 치유의 기본 _122
15. 비타민과 미네랄 _124
16. 미네랄의 작용과 결핍 시 나타나는 증세 _131
17. 현대의 '만나' - 글리코 영양소 _140
18. 마음 다스리기 _157
19. 호전반응 - 치유의 위기 _159

4장 질병별 치유를 위한 구체적 방안

1. 치유가 불가능한 사람 _164
2. 치유가 매우 쉬운 사람 _165
3. 암을 이기는 방안 _166
4. 암, 감기보다 더 쉽게 치유할 수 있다 _168
5. 고혈압을 이기는 방안 _173
6. 당뇨를 이기는 방안 _175
7. 비만을 이기는 방안 _177
8. 아토피를 이기는 방안 _179
9. 여드름이 생기지 않게 하는 방안 _181
10. 감기 몸살을 이기는 방안 _183
11. 변비를 해결하는 방안 _185
12. 만성 피로를 이기는 방안 _186
13. 위장병을 이기는 방안 _188
14. 불임을 해결하는 방안 _190

15. 불치·난치·희귀병을 이기는 방안 _192
16. 건강한 사람들의 공통점 _194
17. 완전한 건강 _196

5장 질병을 뛰어넘어

1. 용서 _201
2. 사랑 _203
3. 섬김 _205
4. 감사 _207
5. 말씀 _208
6. 찬양 _212
7. 기도 _214
8. 믿음 _217
   - 진시황제가 그토록 원했던 '영생' 얻기
9. 인간 사용설명서대로, 금식과 해독으로 _225
   - 일주일에서 수개월 안에 모든 질병은 치유될 수 있다

맺음말 • **226**
건강관리와 해독을 위한 설문1 • **230**
건강관리와 해독을 위한 설문2 • **232**
성경적 건강관리 지도자 아카데미 과정 출석표 • **235**
성경적 건강관리 지도자 아카데미 수료를 위한 안내 • **235**
질병 치유를 위한 필독서 및 참고 문헌 • **235**

1장

첨단시대를 사는 구석기 사람들

1. 의사 말을 맹신하는 맹신병 환자들

　전 세계적으로 우리나라 사람처럼 의사 말을 맹신하는 국민은 없다고 한다. 이런 현상을 실험을 통하여 검증하는 프로그램을 얼마 전 EBS 방송에서 아주 재미있게 본 적이 있다.
　방송에서는 의사가 환자의 질병과는 아무런 상관이 없는 '앉아' '일어서' '뒤로 돌아' '팔굽혀펴기 10회' '입 벌려' '신발 벗어 머리 위로' 등 황당하고 이해할 수 없는 내용을 주문한다. 또 애인은 있느냐, 학교 다닐 때 공부는 잘했느냐, 현재 세계정세를 어떻게 생각하느냐 등 어이없는 질문을 해도 환자는 아무런 이의나 거부반응 없이 시키는 대로 계속한다. 이를 가족들과 함께 보면서 재미있다고, 정말 바보 같다고 배꼽을 잡고 웃었던 기억이 난다.

그때는 배를 잡고 웃었지만, 지나고 보니 결코 가볍게 웃어넘길 문제가 아니라 눈물을 흘리며 통탄할 일이었다. 이 방송을 통해서 우리 국민들의 의사에 대한 인식 수준을 잘 알 수 있었다.

옛날 군대에 있을 때 '고참은 하나님과 동기 동창이며…'를 읊조렸던 것같이, 우리나라 국민에게 의사는 거의 하늘과 같다. 그래서 우리는 의사의 말이라면 무조건 맹신하는 맹신병 환자들과 다를 바 없다.

사람의 목숨을 다루는 의사가 일의 중요성 때문에 사회적으로 존경받고 높은 지위와 명예를 누리는 것이나, 환자들이 의사의 말을 신뢰하는 것은 너무나 당연하고 바람직한 현상이라고 생각한다. 하지만 안타까운 것은 의사에 대한 환자들의 자세가 너무나 저자세여서 아무런 생각이나 판단 없이 맹목적으로 믿는다는 것이다.

불의의 사고를 당하여 목숨이 왔다 갔다 하는 응급상황이나 중병에 걸렸는데 치료비가 없어 자비와 긍휼을 바라는 처지라면 모를까, 전염병도 아닌 가벼운 질병을 앓으면서 몇 년씩 병원에 다녀도 치료가 되지 않는데 치료 방법과 약에 대해 아무런 이의도 제기하지 않는다.

몇 년 동안 약사가 주는 약 먹고, 의사가 시키는 대로 해도 치료가 되지 않지만 다른 치료 방법은 생각하지도 않는다. 그렇게 세뇌되어 버렸다. 의사가 하는 말이 하나님의 말씀 이상이 되어 치료는커녕 병이 더 깊어짐에도 의사가 시키는 대로 약 먹고 병원에 다니며 약값과 치료비만 계속 지급한다.

이처럼 이 시대 우리나라 국민의 가장 치료하기 어려운 고질병 중의 고질병이며, 난치병 중의 난치병, 불치병 중의 불치병은 바로 의사

1장 첨단시대를 사는 구석기 사람들

나 병원만 맹신하는 맹신병이다. 이 맹신병이 치료되지 않는 한 질병 치료의 희망이란 멀기만 한 일이 될 것이다.

2024년 현재, 의사들은 의과대학 증원 문제로 국가와 대립하며 수개월째 파업 중이다. 나는 이 파업이 계속되어야 한다고 생각한다. 증원이 아니라 지금보다 절반 이상 줄이고 병원도 더 줄여서 대도시에 몇 곳만 남기고 다 문을 닫아야 한다. 병원 가는 것이 교도소 가는 것만큼이나 싫고 힘들어야 한다. 의사 만나는 것이 대통령 만나는 것보다 더 어려워야 한다.

그래야 우리나라 국민들이 병원을 자주 가지 않을 것이고, 과잉 진료 받는 일이 없을 것이고, 약을 적게 먹을 것이고, 환자 수가 줄어들 것이고, 의료비 지출이 줄 것이고, 의료보험료가 내려갈 것이고, 의사나 현대의학에 대한 기대와 망상이 사라져서 하나님께서 허락하신 수명을 뜻 깊고 알차며 보람 있게 살면서 병원이나 약에 의존하는, 의미 없는 수명 연장으로 병원 침상에서 말년을 보내지 않으리라 확신한다.

2. 병원과 의사는 넘쳐나는데 환자와 질병은 왜 줄어들지 않을까?

이 첨단 의료시대에 질병의 종류가 몇 가지나 되는지 아는 사람이 있을지 모르겠다. 크론병, 루게릭병, 칸디다증, 파킨슨병, 루프스, 기면증, 베체트병, 림프절 종대, 교원병, 헌팅톤 무도병, 호모시스틴뇨증, 메니에르병, 베그너 과립종, 아테롬

병의 근본적인 원인을 해결하지 못하는 의사
(미국 의사들이 보는 잡지 'JAMA' 지 그림 참조)

선 경화증, 섬유근종, 웃거나 울면 기도가 막혀 죽는 병인 코넬리아 드랑게 증후군, 나이가 들어도 늙지 않는 하이랜더병, 윌슨병, 뫼비우스 증후군, 폴란드 증후군, 엘러스-단로스 증후군, 위스코트알드리히 증후군, 성조숙증 증후군, 토우렛 증후군 등 증후군과 새로운 희

1장 첨단시대를 사는 구석기 사람들

귀병이 얼마나 많은지 열거하자면 끝이 없다.

내가 건강하니까, 내가 안 걸렸으니까 이런 병들에 무관심한 것도 당연하다.

통계에 의하면 2008년도까지 알려진 병명이 2만 가지가 넘는다고 한다. 그중에는 앞에서 언급한 몇 가지 병처럼 듣지도 보지도 못한 별의별 희귀·난치·불치병들이 있으며, 지금도 우리 주위에 얼마나 많은 새로운 병들이 생겨나고 있는지 모른다. 최첨단 장비들로 중무장했다고 자랑하는 초대형 병원은 하늘 높은 줄 모르고 올라가고, 초일류 고급 두뇌로 최고의 교육을 받은 의사들이 넘쳐나며, 이름만 들어도 세균이나 바이러스 병균들이 도망갈 것처럼 광고하는 만병통치약 역시 홍수처럼 넘쳐나는데도 그렇다.

병원과 의사, 약사, 제약회사들이 만들어내는 만병통치약 종류만큼이나 아이러니하게도 새로운 병과 환자도 늘어만 가지, 줄어들 기미가 전혀 보이지 않는다. 평생 병원 한번 가보지 않은 사람들도 적지 않은 건강보험료 내느라 등골 빠지는데 건강보험 재정마저 바닥이란다(2011.3. KBS 9시 뉴스).

이러한 의료계 현실을 보고 있으면 가슴이 답답하고, 머리는 멍해지고, 호흡은 가빠져 숨 쉬기조차 힘든데, 이 증상은 누구를 찾아가서 어떻게 치료를 해야 할지….

3. 병보다 더 무서운 약도 있다
- 살려고 먹은 약이 오히려 독이 될 수 있다

　전 세계에서 우리나라 사람들만큼 약을 좋아하는 민족은 없다고 한다. 우리 민족은 왜 이토록 약을 좋아하는 것일까? 아마도 약은 몸에 좋은 것이고, 약을 먹으면 병이 나을 거라는 믿음 때문일 것이다. 몸에 좋지 않고 치료가 되지 않으리라 생각하면서 약을 먹는 사람은 없기 때문이다.
　우리 민족은 아프지 않아도 약 먹기를 좋아하는 민족이다. 아프면 무조건 병원에 가고 약을 먹는 것이 너무나 당연한 일상이 되었다. 약은 몸에 좋은 것이고 약을 먹어야 치료가 된다고 생각하기 때문에, 아니 교육되고 세뇌되고 훈련되어 있기 때문이다.
　그러면 과연 우리가 아는 대로 약은 몸에 좋은 것이고, 약을 먹으면 진짜 치료가 되고 죽지 않고 잘 살 수 있는가?
　앞장에서도 잠깐 언급했지만, 우리는 지금 약의 홍수 속에서 살고 있다. 한 통계자료를 보면 현재 우리나라에 유통되고 의사나 약

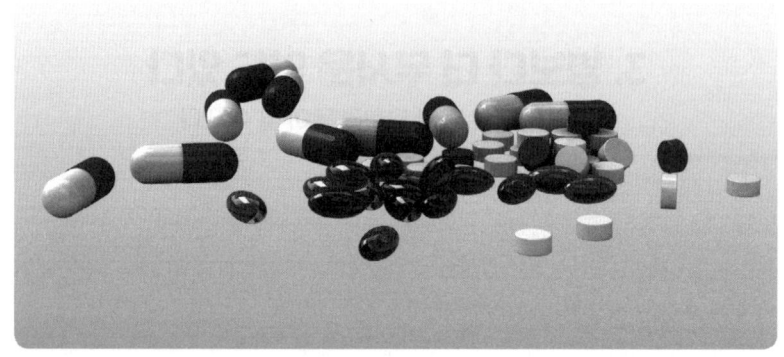

사들이 취급하고 처방하는 약이 3만 가지가 넘는다고 한다. 그렇게 많은 약이 있는데, 왜 그 좋은(?) 약들을 먹고도 죽어가는 사람이 많은 것일까? 이는 약이라고 하는 것이 의사나 약사들이 주장하는 효능을 발휘하지 못하고 있다는 방증이다.

약은 어찌 보면 약이 아니라 독이다. 약을 약으로 인증받으려면 'DL50'이라는 과정을 통과해야 한다. DL50을 간단하게 설명하면 실험용 생쥐나 거위, 개 등 동물실험에서 50% 이상이 죽지 않아야 약으로 인증을 받는 제도이다. 그래서 약이라는 말은 정확히 표현하면 약이 아니라 독이다. 그래서 부작용이 없는 약은 이 세상에 존재하지 않는다.

부연해서 설명하자면, 우리가 먹는 오렌지나 감귤에 들어 있는 비타민C는 괴혈병에 특효 성분이 들어 있지만, 식품이기 때문에 절대로 약이라고 부르지 않는다. 비타민C가 풍부한 오렌지나 귤은 동물실험에서 아무리 많이 먹여도 50% 이상이 죽지 않기 때문에 약이라고 하지 않는 것이다.

중세 약리학자이자 약물학의 아버지라 불리는 파라켈수스도 "모든 약은 곧 독이다. 사용량이 문제일 뿐 독성이 없는 약은 없다"라고 했다.

약물 부작용의 심각성은 미국 식품의약국의 통계자료를 통해서도 알 수 있다. 조사 자료에 의하면 2004년 한 해 동안 약물 부작용 건수는 무려 37만여 건이었다고 한다. 아울러 미국 의학원(IOM) 통계자료에 의하면 미국은 해마다 약물 유해 반응으로 입원하는 사람이 100만 명, 사망자는 10만 명에 이르며, 이 수치는 미국 한 해 교통사고 사망자보다 높은 수치라고 한다. 미국같이 의약품 관리에 철저한 국가에서 이런 상황이니 우리나라의 상황은 얼마나 더할까….

세계에서 항생제를 가장 많이 남용하고 유별나게 약을 좋아하는 민족이니만큼 얼마나 많은 사람이 약물로 인해서 죽어가고 피해를 볼지는 상상하는 것만으로도 끔찍하다.

고혈압, 당뇨병, 심장병, 중풍, 아토피 등 오늘날 의사나 약사, 환자 모두가 골치 아파하는 만성 난치병들의 약은 완치를 해주는 것이 아니라 증상을 일정 시간만 가라앉히는 증상완화제이다.

의사나 약사들은 평생 약을 먹어야 한다고 말하면서도 정작 약을 평생 먹을 때 나타날 수 있는 약의 부작용에 대해서는 알려주지 않고, 알지도 못한다. 환자들 역시 부작용에 대해서는 별 관심 없이 시키는 대로 때 되면 꼬박꼬박 약 챙겨 먹는 낙(?)으로 살고 있다.

병도 정말 무섭지만, 병보다 더 무서운 것이 약, 아니 독이다. 정말로 살고 싶으면 약을 끊고 식습관과 생활습관을 고쳐야 한다. 약에 관하여 깊이 알아보고, 고민해 보고, 몸이 진짜 무엇을 원하고 있는지 몸의 소리에 귀 기울여야 한다. 그것이 약에서 해방될 수 있는 유일한 방법이다.

내가 아는 의사와 약사 중에는 이런 약의 부작용을 알기에 본인

뿐 아니라 가족이 아무리 아파도 약을 먹지도, 먹이지도 않는 분들이 많다. 한의학계의 이단아라고 불리는 김홍경 한의사가 TV 건강 프로그램에서 이런 명언을 했다. "여러분, 아프면 병원에 가세요. 왜? 의사도 먹고살아야 하니까! 의사 선생님이 처방전 써주면 가지고 약국에 가서 약을 받으세요. 왜? 약사도 먹고살아야 하니까! 약사가 약을 지어주면 약을 받으세요. 그리고 그 약봉지를 바로 쓰레기통에 처박아 버리세요. 왜? 당신도 살아야 하니까!"

명언 중의 명언이니 명심하길 바란다.

4. 병보다 더 무서운 의사도 있다
― 수리는커녕 더 고장 내고도 수리비 받는 곳!

우리 인간이 병들고 고장이 나면 어떻게 하는가? 당연히 병원으로, 의사 선생님 앞으로 직행한다. 그러면 모든 병이 낫는가? 놀라운 사실은 《新 면역혁명》 2부 '붕괴하는 현대의학'에 의하면, 응급의료 10%를 제외한 90%는 현대의학에서 치료할 수 없다고 한다. 나도 이에 전적으로 공감한다.

우리 주변에는 고혈압, 암, 당뇨 등으로 몇 년째 약을 먹고 의사가 시키는 대로 하며 병원에 다니는 이들이 수없이 많다. 하지만 이들의 병은 낫기는커녕 악화되는데, 병원은 치료비와 약값을 계속 받고 있으니 참으로 이해할 수가 없다.

치료할 방법과 능력이 없으면 환자를 받지 않는 것이 당연한 상식이며 세상 이치가 아닌가! 왜 치료 방법이나 능력이 없는 것을 알면서, 현대의학의 한계를 알면서 계속 환자를 받는가? 병이 들어 고통받는 환자들은 낫고 싶어서, 살고 싶어서 병원이나 의사 선생님을 찾는다. 환자들은 의사와 병원이 자기 부모나 형제처럼 사랑하고 아끼는 마음으로 온갖 정성과 열의를 다하여 알고 있는 모든 치료 방법과 약으로 시술하고 처방을 하리라 생각한다. 하지만 결과를 뻔히 알고 있지 않은가?

환자에게는 잠깐 실망스럽겠지만, 병원이나 의사는 환자에게 당신 의병은 현대의학이나 약으로 해결할 수 없는 병이니 병원에 오지 말고 다른 방법을 찾으라고 솔직히 알려야 한다. 이것이 환자를 위하고 자신을 위한 것일 텐데, 의료 관계자들 사이에서는 다음과 같은 우스갯소리가 오간다고 한다.

"하루 만에 나을 수 있는 환자를 하루 만에 치료하는 의사는 해고, 1주일 만에 치료하면 신입, 1개월 만에 치료하면 보통, 반년 만에 치료하면 과장, 1년 만에 치료하면 병원장."

의사나 한의사, 약사 선생님들에게 묻고 싶은 것이 있다. 선생님들이 타고 다니는 차가 고장이 나서 수리하려고 정비소에 맡겼다. 그 정비소 직원의 실력이 부족하고 고치는 방법을 몰라 며칠을 주물럭거리다가 수리는커녕 더 고장을 내놓았다. 그런데도 정비소에서 수리비를 달라고 하면 어떻게 하겠는가?

당연히 대한민국, 아니 전 세계 어디를 가도 수리를 하지 않고서 수리비를 달라고 요구하는 뻔뻔한 사람에게 수리비를 주는 바보는 없을 것이다. 그런데 놀랍게도 무슨 이유인지, 무슨 권리인지, 무슨 특권인지는 몰라도 수리(치료)가 되든, 더 악화가 되든, 아무 상관 없이 치료비와 약값을 받는 의사, 약사, 병원들을 보면 화가 나서 없던 병도 생길 지경이다.

더 이해할 수 없고 알 수 없는 것은 치료하러 갔다가 치료는커녕 더 악화되고, 수년간 매일 병원에 다녀도 치료가 되지 않는데도 계속 병원에 다니는 사람들이다. 치료는 고사하고 심지어 시체로 나오면서도 치료비 달라고 원무과에서 청구하면 아무 말 없이 내는 사람들의 정신세계를 어떻게 받아들여야 할지….

그런 사람 중에는 분명히 카센터에서 뼈 빠지게 땀 흘려 일해서 차를 수리해 주고 받은 월급으로 치료비를 내는 사람도 있을 것이고, 시장바닥에서 콩나물 팔아서 번 돈으로 또는 콩나물값 깎아달라고 실랑이해서 아끼고 아낀 피 같은 돈으로 약값을 내는 사람도 있을 것이다.

다른 곳에서는 따지기도 잘하고, 말도 잘하고, 빨간 머리띠 두르고 농성도 잘하는 사람들이 어느 유행가 가사처럼 왜 의사 앞에만 서면 작아지는지….

세균성 전염병이나 진단의학이나 응급의료 등 잘하는 것은 칭찬하고 감사해야 한다. 하지만 아직 원인조차 알지 못하고, 의약계 종사자 본인이나 그 가족들이 걸려도 해결하지 못하는 고혈압이나 당뇨, 암, 불치·난치·희귀 질병을 치료한다고 하는, 어처구니없는 현대의학의 현실을 직시해야 한다. 바른 주장과 현명한 선택으로 하나밖에 없는 자신의 생명을 소중하게 관리해야 한다.

> "열두 해를 혈루증으로 앓는 한 여자가 있어 많은 의원에게 많은 괴로움을 받았고 있던 것도 다 허비하였으되 아무 효험이 없고 도리어 더 중하여졌던 차에…"(막 5:25-26).

5. 병보다 더 무서운 한의사도 있다

 의료계의 양대 축을 형성하며, 우리 조상의 건강을 관리했고 현대를 사는 우리의 건강을 지켜주는 역사 깊은 치료의 전통을 가진 분들이 한의사이다. 현재는 현대의학(양의학)에 밀려 약간 소외당하며 고전하는 치료법이 되었다.
 양의학보다 한의학이 자연치유법에 가깝기에 개인적으로 한의학이 양의학보다 훨씬 나은 치료법이라 생각한다. 양의학은 아픈 부위만 생각하고 잘라내는 것을 최선으로 생각하지만, 우리 몸은 전체가 유기적이고 상호 보완적으로 연결되어 있기에 아픈 부위만 잘라 버리는 치료는 아주 위험한 방법이다. 하지만 한의학은 몸 전체를 하나로 보고, 유기적인 관계와 연관성을 생각하여 치료하는 좋은 치료법이라 생각한다.
 한의학 치료의 근간은 《동의보감》이다. 《동의보감》은 1610년 왕궁의 내의원으로 있던 허준 선생이 17세기 동아시아 의학을 집대성한

의서로 지금까지도 한의학 발전에 지대한 영향을 미치고 있다. 세계적으로도 의·학술적 가치를 높이 평가받아 2009년 7월 31일 유네스코세계기록유산으로 등재될 만큼 그 가치가 재확인된 대단한 의술서이다.

한의학의 기초이며 뿌리가 되는 《동의보감》은 집필 당시인 17세기의 시대적 환경이나 식습관, 영양 상태 등에는 매우 적합한 의술서이다. 그 당시의 환자들은 대부분 영양실조나 영양결핍으로 병을 앓았다. 그래서 동의보감에 나오는 대부분의 처방이 영양을 보충해주는 보약이었고 효과도 좋았다.

그러나 현대의 병들은 대부분 영양실조나 영양결핍이 아니라 영양과잉으로 인하여 발생하는데, 오늘날 한의사들은 아직도 17세기 방법으로 처방하고 있어 결국 질병이 낫기는커녕 오히려 더 악화하는 결과를 가져오기도 한다.

한의사들이 사용하는 약재들 또한 약재로서의 기능을 상실하고 있다. 농약과 화학비료, 유전자 변형, 성장촉진제, 환경문제에 따른 중금속 오염 등 약재로서는 부적합하다. 이렇게 오염된 재료를 한약재로 사용하는 것은 병원(양의)이나 약국에서 주는 약들과 별 차이가 없다.

약이나 메스(의료용 칼)를 사용하지 않는 침이나 뜸 등 전통적인 민간요법 시술도 한의사들의 영역이라며, 그 치료의 진입을 법으로 막는 한의사들의 행태 역시 의사나 병원과 다를 바 없다.

이권이나 법에 좌우되는 것이 아니라 진정으로 생명을 소중히 여기고 환자를 위해 자기 몸까지 연구용으로 바쳤던 허준 선생이 그립다.

6. 병보다 더 무서운 병원도 있다
– 살려고 찾아간 병원이 오히려 사람을 죽일 수도 있다

　우리나라는 집 가까운 곳에 아플 때 언제든지 찾아가서 진료 받을 수 있는 병·의원들이 많아 얼마나 다행인지 모른다. 전국에 병원이나 한의원이 도대체 얼마나 되는지 궁금하여 알아보니 '한결데이터시스템'이란 곳에서 다음과 같은 데이터를 확인할 수 있었다.

　　서울 소재 병·의원 주소록 숫자·················9,427개소
　　경기·인천 소재 병·의원 주소록 숫자············8,842개소
　　대전·충청·강원 소재 병·의원 주소록 숫자········4,328개소
　　광주·전남북·제주 소재 병·의원 주소록 숫자······4,319개소
　　대구·경북·울산 소재 병·의원 주소록 숫자········5,027개소
　　부산·경남 소재 병·의원 주소록 숫자·············6,024개소
　　전국 치과 병·의원 주소록 숫자················11,021개소
　　전국 한방 병원·의원 주소록 숫자···············7,600개소

전국 산부인과 병·의원 주소록 숫자 ················ 2,567개소
전국 안과 병·의원 주소록 숫자 ···················· 1,243개소
전국 소아 병·의원 주소록 숫자 ···················· 2,310개소

이것은 2009년 12월의 자료이니 현재는 두 배 가까이 증가하였을 것이다. 이러한 병원 숫자는 여러 가지 생각을 하게 한다. 이렇게 병원이 많은데 환자는 왜 줄지 않을까? 저 큰 병원들은 도대체 무슨 돈으로 지었을까? 이렇게 병원이 많은 것을 좋아해야 할까, 슬퍼해야 할까? 의사 선생님들의 그 많은 월급은 어디서 나오는 것일까? 이 병원들을 통해 얼마나 많은 생명이 살아날까, 얼마나 많은 생명이 죽어날까? 이곳들은 돈벌이를 하는 곳일까, 섬기고 봉사하는 곳일까? 병원이 전부 문을 닫으면 어떻게 될까?

모두 쓸데없는 생각이라고 한심스럽게 생각하는 독자도 있겠지만 한번쯤은 심각하게 고민해 볼 문제이다.

특히《新 면역혁명》2부 '붕괴하는 현대의학'에 나오는 병원과 의사, 제약회사들의 실태를 읽어보면 충격적이고 경악을 금치 못할 현대의학의 한계와 처참한 실상을 알게 될 것이다.

이 책에서 밝힌 결론은, 다소 지나친 감이 있지만, 병원이 없어져야 환자의 80% 이상이 살수 있다는 것이다. 병원은 양의 탈을 쓴 늑대이고, 백의의 천사가 아니라 백의의 악마가 모인 집단이라고도 주장한다. 현대의학은 의사, 병원, 제약회사, 국가가 합작하여 국민의 생명을 담보로 그들의 피를 빨고, 돈을 빨고 자기들의 배만 채우는 '살육의 현장'이라는 것이다.

이 책에서 말하는 이를 증명하는 여러 증거 중 단편적인 예 하나만 간단히 옮겨본다.

1973년 이스라엘에서 병원들이 한 달 동안 파업을 했는데 놀라운 것은 파업 기간 중 사망률이 반으로 줄었다는 것이다. 1976년 콜롬비아의 수도 보고타에서도 의사들이 52일 동안 파업하여 응급의료 이외에는 전혀 치료를 하지 않았는데, 현지 신문은 파업이 가져다준 기묘한 부작용(?)을 보도했다. 파업 기간 중 사망률이 무려 35%나 줄었다는 것이다. 같은 해 미국 LA에서도 의사들이 파업하자 사망률이 18% 줄었다고 한다. 그런데 파업이 끝나고 병원들이 정상 운영을 시작하자 다시 파업 이전의 사망률로 돌아왔다고 한다.

  병원의 숫자와 고급 인력의 의료종사자들이 많을수록 여기에 반비례해서 질병의 숫자와 환자의 수가 줄어야 당연한 이치이거늘, 환자와 질병이 줄어들기는커녕 늘어나는 이 웃지 못할 현실을 어떻게 받아들여야 할지…. 무지하고 순진한 국민들을 생각하면 불쌍하고 측은해서 눈물이 앞을 가린다.

7. 병보다 더 무서운 제약회사도 있다

　의료계의 물질만능주의, 상업주의 등 모든 문제의 배후에는 병보다 더 무섭고, 의사나 약보다 더 무서운, 양심도, 도덕도, 윤리도 없는 제약회사가 있다. 제약회사의 뒷거래 봉투, 골프 접대, 성 접대(2011.4. 25. KBS 9시 뉴스) 등 무차별적인 로비에 병원이나 약국, 의사, 약사들은 악의 구렁텅이로 몰리고, 그 그물에 걸려 헤어나지를 못하는 것이 전 세계적인 추세이고 현실이다. 더욱 경악할 일은 수년 동안 TV 광고까지 해가며 전 국민을 대상으로 팔던 약들이 어느 날 부작용과 독성이 밝혀져 판매 중지되는 경우가 너무 많다는 것이다. 그러면 그동안 비싼 약값 내고 실컷 사 먹은 사람들은 어쩌란 말인가? 그 피해는 누구에게 보상을 받아야 하는지…. 그런 약들을 아무 문제 없다며 판매를 허용한 국가 기관은 아무런 전문성도, 검증할 수 있는 실력도 없단 말인가?
　차라리 나중에 후유증과 부작용이 많다는 발표를 하지나 말든지.

지금까지 그런 약을 먹은 사람은 불안해서 또 병을 키우는 국가기관이나 제약사를 생각하면 울화통이 터져서 약(?)을 먹어야 할 정도이다.(닥터 웰렉의 《죽은 의사는 거짓말을 하지 않는다》와 아보 도오루의 《新면역혁명》을 보면 나의 마음이 이해될 것이다).

🍁 포기하지 마세요

저도 며칠 전 사랑하는 친구를 병원에서 하늘나라로 보냈습니다.
당신도 지금 불치병 판정을 받으셨습니까?
난치병으로 고생하고 계십니까?
그것이 아니면 병원에서 더는 자기들이 할 수 있는 것이 없으니 먹고 싶은 것 마음껏 드시고, 하고 싶은 것 하시라는 사형 선고를 받으셨습니까?
아직 피어보지도 못한 꽃봉오리 같은 어린 자식이 아닙니까? 아직 못다 한 사랑이 너무 많은데 떠나보내기에는 너무나 젊지 않습니까? 아직은 마음의 준비도 덜 되었고, 이 땅에서 해야 할 일도 아직 많지 않습니까?
사랑하는 환우 여러분!
사랑하는 사람들의 마음을 아프게 하고 싶습니까? 치유되고 회복되어서 건강한 모습으로 은혜에 보답해야 하지 않겠습니까? 그래서 살아야 합니다. 아니, 죽어서는 안 됩니다.

어떻게든 살아서 사랑하는 사람의 눈물을 이젠 씻어주어야 합니다.

그것이 사랑하는 사람에게 보답하는 길인 것을 익히 알고 계시지 않습니까?

살 수 있는 방법이 있습니다.

대안을 찾아보세요. 길이 있습니다. 방안이 있습니다.

아무리 세상이 어둡다고 해도 밝은 곳이 있습니다.

아무리 세상이 썩었다고 해도 맑은 생수가 흐르는 곳이 있습니다.

세상 어딘가에는 이름도 없이, 빛도 없이 나병 환자의 고름을 빼주는 "울지마 톤즈"의 이태석 신부 같은 의사 선생님도 있습니다. 현대의학의 한계를 알고 양심의 가책을 느껴 메스를 놓고 자연의학으로, 대체의학으로 환우를 성심껏 돌보는 의사 선생님, 화학 약이나 합성 약을 버리고 천연 식품을 전하는 약사 선생님도 있습니다. 지금 다니는 병원에서 포기했다고, 의사가 포기했다고 당신마저 포기하고 낙심하면 안 됩니다. 하나님께서 포기하지 않으시고, 제가 포기하지 않습니다.

힘을 내고 희망을 품고 함께 노력하면 병마는 아무것도 아닙니다. 이제부터 금식과 해독 프로그램으로, 우리 인체 속에 있는 신묘막측(神妙幕側)한 자연치유력으로, 대자연 속에 그리고 성경 속에 있는 비법(秘法)인 인간 사용설명서의 매뉴얼대로 치유하고 활력을 얻어 천하보다 소중한 내 목숨, 내 가족을 스스로 지키고 치유합시다.

2장

인간 사용설명서 점검하여 질병의 원인 찾기

1. 질병은 원인을 알면 쉽게 해결할 수 있다

모든 병은 원인이 있다. 그 원인은 환우 개개인마다 모두 다르다. 병명이나 병의 원인을 찾으면 치료하는 방법이나 해결책을 쉽게 알 수 있다. 그래서 병명이나 원인을 찾으려고 병원에서는 혈액 검사, 대소변 검사, X-ray, 조직검사, MRI, CT 촬영 등 온갖 방법을 동원하여 노력하는 것이다. 그러나 정작 검사만 하고 환우 본인에게 병의 원인이 무엇이라고 생각하는지 물어보는 의사는 거의 없다.

그런데 놀랍게도 환우들과 대화를 해보면 자신이 무엇 때문에 그 병에 걸렸는지 원인을 잘 알고 있다. 이처럼 원인을 아는 환우는 쉽게 치유도 가능하다. 원인을 제거하고 차단하면 되기 때문이다.

반면 병명도, 원인도 전혀 알지 못하는 환우도 있는데, 그런 환우는 치유도 대단히 힘들다. 어디가 고장이 났는지, 무엇 때문에 고장이 났는지를 모르기 때문에 해결책도 찾기가 어려운 것이다.

나는 질병의 원인을 몇 가지로 구분해 보았다.

첫째, 육(肉)적인 원인으로 병이 든다. 즉, 영양의 결핍이나 과잉이 심각한 질병을 초래한다(구체적인 것은 3장 참조).

운동 부족과 담배, 술, 화학조미료와 방부제를 비롯한 각종 화학 첨가제, 즉석·가공식품, 환경오염 등으로 인체에 독이 쌓여 각종 질병을 만들어 낸다. 만성 위장병, 간장병, 두통, 피곤, 뼈·관절질환, 각종 암, 불치·난치, 희귀병 등 이루 말할 수 없이 많은 질병을 만들어 내는 것이다.

다음은 혼(魂)적인 원인으로 오는 질병인데, 우울증, 불면증, 강박증, 정신분열 등 정신적 스트레스로 인한 질병이다. 혼적인 질병은 육적인 질병보다 치유하기가 훨씬 어렵고 힘들다. 눈에 보이지 않는 마음이나 생각을 치유해야 하므로 약물이나 육적인 자극으로 해결하려고 하면 더 악화하는 경우가 태반이다. 이는 5장에 나오는 방법들로 치유하는 것이 효과적이다.

마지막 원인으로 영적인 문제로 오는 질병이다. 일명 신병이라고 하는 무속인들의 신 내림이나 귀신이 들었다거나 하는 병들인데, 간혹 혼적인 질병과 구분하기 어려운 부분이 있어 혼동하는 경우가 많다.

병원에서는 영적인 병은 인정하지 않기 때문에 무조건 정신과에서 처리하는데, 이것은 문제가 크다고 생각한다. 영적인 것은 영의 문제를 깊이 공부하고 영의 세계를 제대로 아는 목사를 통해서 영적으로 해결해야 한다. 우리 몸은 살아 있는 동안 육과 혼과 영이 떨어져 있지 않고 하나로 연결되어 있으므로, 영혼과 육이 함께 건강할 때 완전한 건강을 이룬다. 또한 육과 혼과 영의 건강을 위하여 많은 노력이 필요하다.

2. 먹은 대로, 심은 대로 거둔다

비만으로 고생하는 사람 대부분이 공통으로 하는 말이 있다. 그것은 자기가 왜 그런 몸이 되었는지 도대체 알 수가 없다는 말이다.

결론부터 말하자면 심은 대로 거둔 것이다. 비만 환우들은 대개 자기는 절대로 많이 안 먹는데, 물만 먹어도 살이 찌는 체질이라고 말한다. 그런 분들의 생활을 옆에서 지켜본 적이 있는데 온종일 입에서 먹을거리가 떨어지지 않는다(신체가 크기에 기초 대사량이 많고, 결핍된 영양소가 있어 악순환이 반복되는 것이다).

현대인은 분위기 있는 곳에서 좋은 것(?), 비싼 것, 맛있는 것, 달콤한 것으로 식사하기를 원한다. 이는 몸이 진정으로 원하

는 식사가 아니라 분위기나 기분만을 위한 몸을 병들게 하는 식사이다. 그러므로 고혈압, 당뇨, 아토피, 암 등 건강에 치명적인 질병을 얻어 고통받는 것은 먹은 대로, 심은 대로 거둔 당연한 결과이다.

  병원 의사 선생님들은 환자의 가족력을 많이 확인한다. 이는 병의 유전적 요소를 알고자 함인데, 실제로 유아기 때 발생하는 질병은 유전적인 영향이 매우 크다. 하지만 그 이후에 발생하는 질병들은 환자 당사자의 식습관과 생활습관 등 외적인 요소가 훨씬 크게 좌우하므로 가족력과는 거의 상관이 없다고 봐야 한다.

  과거에는 한 집안의 식습관과 생활습관이 동일해서 질병도 비슷하게 걸렸지만, 부모와 자식들의 식습관과 생활습관이 다른 오늘날의 핵가족 시대에 가족력이나 유전적 요소를 강조하는 것은 타당해 보이지 않는다. 따라서 현대에는 환자 당사자의 식습관과 생활습관을 면밀하게 살펴서 진료하는 것이 바람직한 방법이 될 것이다.

  우리 인체는 심은 대로, 뿌린 대로 거둔다는 자연의 법칙이 작용된다. 지금 현재 각종 질병으로 고통받고 있는 분들은 본인의 식습관과 생활습관을 점검해 보고, 무엇을 몸속에 많이 심었는지, 무엇을 마음 밭에 많이 뿌렸는지 점검해 보면 질병의 원인을 알게 될 것이고, 해결 방법도 아주 쉽게 찾을 수 있을 것이다.

3. 병의 원인을 내가 모르면 치유도 어렵다

원인 없는 결과는 없다. 본인의 몸이 왜 아픈지, 왜 병이 들었는지를 아느냐 모르느냐에 따라서 치유의 결과는 너무나 많이 달라진다. 원인을 알면 그것을 차단하기만 하면 되지만, 모르면 무엇을 어떻게 해야 하는지도 모르고 치유의 의지도 희망도 약해진다.

먼저 본인의 식습관과 생활습관을 점검해 보아야 한다.

최근에 무리한 일이 있었는지, 정신적으로 심한 충격이 있었는지, 지속적으로 반복되는 스트레스나 가슴앓이가 있었는지, 새롭게 섭취하는 약이나 보조식품, 영양제 등 자기 몸속에 넣고 있는 것이 무엇인지를 점검해서 의심스러운 것들을 피하고 멀리하면서 원인들을 제거해 나가는 것이 중요하다.

4. 만병의 근원
스트레스

"무릇 지킬 만한 것보다 더욱 네 마음을 지키라 생명의 근원이 이에서 남이니라"(잠 4:23).

"마음의 화평은 육신의 생명이나 시기는 뼈의 썩음이니라"(잠 14:30).

"마음의 즐거움은 양약이라도 심령의 근심은 뼈로 마르게 하느니라"(잠 17:22).

"사람의 심령은 그 병을 능히 이기려니와 심령이 상하면 그것을 누가 일으키겠느냐"(잠 18:14).

"하나님의 뜻대로 하는 근심은 후회할 것이 없는 구원에 이르게 하는 회개를 이루는 것이요 세상 근심은 사망을 이루는 것이니라"(고후 7:10).

세계에서 우리나라 사람만의 유일한 병이 있다. 그것은 바로 만병의 근원으로 불리며, 미국 병명 목록에까지 등재되어 공식적으로 병으로 인정된 '화병'이다. 이 병이 유독 우리나라 사람에게만 있겠는가마는 우리나라 사람들에게 유독 많다는 것이다.

성경 말씀 중 잠언서에도 "무릇 지킬 만한 것보다 더욱 네 마음을 지키라 생명의 근원이 이에서 남이니라"(4:23)라고 기록되어 있다. 또 마음의 근심이 뼈를 마르게 한다는 성경 말씀은 마음을 다스리고 지키는 것이 얼마나 중요한지를 간단명료하게 알려준다.

삶과 죽음, 성공과 실패, 사랑과 미움, 건강과 질병에서 사람의 마음이 얼마나 중요한지는 누구나 알고 있기에 더는 언급하지 않는다. 하지만 대부분 중요성은 알지만 어떻게 마음을 다스려야 하는지는 모른다.

구체적인 마음 관리법에 대해서는 다음 장에서 이야기해 보자.

✍ 질병별 원인 찾기

1. 병에 걸린 사람들의 공통점

병에 걸리거나 아파서 고통스럽게 살고 싶은 사람은 이 세상에 단 한 명도 없을 것이다. 그런데 왜 병원은 환자들로 북새통을 이루고, 환자들은 병으로 고통받으며 몸도 힘들고, 돈도 힘들고(?), 주변 사람과 가족까지 힘들게 만드는 것일까?

내가 아프고 싶어서 아프냐며, 불난 집에 부채질하느냐고 항변할 환우들이 많이 있겠지만, 병에 걸린 환자들에게는 대체적으로 공통점이 있다.

이를 타산지석(他山之石)으로 건강한 사람들은 병에 걸리지 않도록 노력하고, 현재 질병으로 고통받는 환우들은 잘못된 점들을 고쳐서 하루속히 건강을 회복하길 바라는 마음이다.

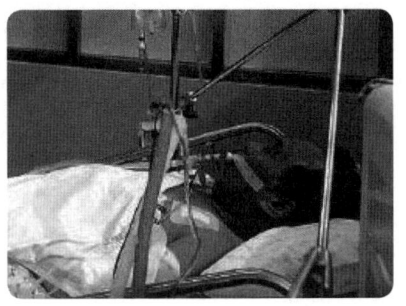

1. 육류 중심의 식습관을 가진 사람
2. 채소를 많이 먹지 않는 사람
3. 술을 먹고 담배를 피우는 사람
4. 과음과 과식을 하는 사람
5. 운동과 목욕을 하지 않는 사람
6. 정제염을 먹고 싱겁게 먹는 사람
7. 부정적인 마인드를 가진 사람
8. 신경질적이거나 잘 웃지 않는 사람
9. 신앙심이 없는 사람
10. 자주 밤을 새거나 늘 피곤한 사람
11. 바람을 피우거나 성(性)적으로 난잡한 사람
12. 심한 스트레스를 지속적으로 받는 사람
13. 내성적이고 몸이 냉(冷)한 사람
14. 평소에 건강관리에 소홀하거나 과민한 사람
15. 물을 적게 마시는 사람
16. 각종 약을 먹는 사람
17. 변비에 걸려 배설이 원활치 못한 사람
18. 뚱뚱하거나 마른 사람

19. 친구가 없거나 은둔형인 사람
20. 심각한 죄를 짓고 있거나 지은 사람
21. 게임, 도박, 마약, 설탕(단맛), 화학조미료 등에 중독된 사람

이 내용은 굳이 부연 설명을 하지 않아도 누구나 충분히 공감할 것이다. 한 가지라도 자신에게 해당하는 것이 있다면 빨리 바로잡아 더 큰 화가 오지 않도록 미리미리 대비해야 할 것이다. 후회는 아무리 빨라도 늦기 때문이다.

암에 걸리기 쉬운 사람들

현재 죽어가는 사람 네 명 중 한 명은 암이고, 머지않아 세 명 중 한 명이 암으로 죽어갈 것이란 내용은 매스컴을 통하여 수없이 들었기에 이젠 대수롭지도 않다. 이렇듯 암이란 존재는 우리와 가까워진 지 이미 오래이다.

그러면 도대체 암이란 무엇이며, 어떤 사람들이 걸려서 죽고, 이기고 극복하는지 또 어떻게 예방하는지 알아보자.

먼저 암이란 무엇이며 왜 생기는 것일까?

결론부터 간단하게 말하면 아직 어느 누구도 정확히 모른다. 오래전부터 인류에게 공포의 대상이 되어 온 암을 해결하기 위해 엄청난 인력과 연구비를 투자했으며 지금도 하고 있지만, 아직까지 뚜렷한 해결책이 없는 질병이다.

하루가 멀다 하고 매스컴에서 새로운 암 치료법이나 치료제가 개발되었다는 뉴

스를 전해주고 있지만, 주변에서 암으로 세상을 떠나는 사람들은 점점 많아지니 참으로 해괴한 일이 아닐 수 없다.

암의 사전적 의미를 알아보자.

정상세포가 세포 개체의 필요에 따라 규칙적이고 절제 있는 증식과 억제를 할 수 있는 것과 달리, 암세포는 조직 내에서 필요한 상태를 무시하고 무제한의 증식을 하는 미분화 세포로 구성되어 종괴(腫塊) 또는 종양을 형성하는 것이라고 한다.

암세포는 주위의 정상세포 또는 기관을 침윤하여 파괴하고, 원발병 위치로부터 개체의 어느 기관이든 전이하여 새로운 성장 장소를 만들 수 있다. 이러한 특성이 있으면서 개체의 생명을 빼앗아 갈 수 있는 질환군을 총칭하는 것이 암이다.

이렇게 무서운 병을 우리는 아무런 대책도 없이 그저 자신과는 거리가 멀고 상관없는 병으로만 여기면서 살아간다. 그러다 막상 병에 걸리면 왜 자기한테 이런 병이 왔느냐고 하늘을 원망하며 좌절하고 낙심한다. 그래도 살고자 병원에서 시키는 대로 하다가 돈만 날리고 고통스럽게 죽어가는 것이 대부분의 암환자의 모습이다.

암도 걸리고 나서 치료하는 것보다 미리 예방하고 조심하는 것이 중요하므로 어떤 사람들이 암에 잘 걸리는지 알아보고 예방하면 좋을 것이다.

아래 내용 중 해당하는 것이 많은 사람은 암에 걸릴 가능성이 크다.

1. 육류 중심의 식습관을 가진 사람
2. 과일과 채소를 많이 먹지 않는 사람

3. 술을 먹고 담배를 피우는 사람
4. 과음과 과식을 하는 사람
5. 목욕과 운동을 하지 않는 사람
6. 정제염을 먹고 싱겁게 먹는 사람
7. 부정적인 마인드를 가진 사람
8. 신경질적이거나 잘 웃지 않는 사람
9. 신앙심이 없는 사람
10. 자주 밤을 새고 늘 피곤한 사람
11. 바람을 피우거나 성(性)적으로 난잡한 사람
12. 심한 스트레스를 지속적으로 받는 사람
13. 내성적이고 몸이 냉한 사람
14. 평소에 건강관리에 소홀하거나 과민한 사람
15. 물을 적게 마시는 사람
16. 심각한 죄를 짓고 있거나 지은 사람
17. 부모의 잘못으로 병이 유전된 어린이

이 외에도 우리가 알지 못하는 수많은 이유와 오염된 환경 탓에 암에 걸려 고통받는 사람들이 너무나 많다. 그중에서도 아내나 남편의 외도나 부정 또는 주변 가족들과의 금전 문제로 심한 마음고생을 하는 사람은 특별히 마음 관리를 잘 하여야 한다.

암을 이기고 극복하는 방법은 4장을 참조하길 바란다.

✍ 고혈압에 걸리기 쉬운 사람들

'침묵의 살인자'라고 하는 고혈압은 압축기의 혈압이 140mmHg(처음엔 180이었으나 고혈압 환자를 늘리기 위해서 내렸음) 이상이거나 이완기의 혈압이 90mmHg 이상으로 지속되는 것을 말한다.

고혈압이 무서운 것은 아무런 증상이나 합병증이 없다가 갑자기 목숨을 잃을 수도 있기 때문이다. 그래서 침묵의 살인자라는 별명까지 생겨난 것이다.

고혈압의 정확한 원인은 현대의학에서도 아직 밝혀내지 못하고 있지만, 고혈압으로 고생하거나 사망하는 사람들의 공통점만 알아보면 원인과 해결책을 쉽게 찾을 수 있다. 우리 몸은 피가 온몸에 잘 흘러야 하는데 피의 흐름이 고지혈, 당뇨 등 여러 가지 이유 때문에 원활하지 못한 것이 고혈압의 원인이다.

고혈압 환자들의 99%는 뚱뚱하다는 공통점을 가지고 있다. 뚱뚱하다는 것은 몸에 지방(기름)과 설탕(당)이 많다는 것이다. 기름과 설탕은 점성 때문에 피가 원활하게 흐르는 것을 방해한다. 또한 피 속에 기름 성분이 많고(고지혈) 당화되면 부피도 늘어나고 찌꺼기들이 쌓여 혈관을 좁게 만들어 혈압을 상승시킨다.

기름진 육식 위주의 식습관을 가진 사람과 설탕과 조미료로 범벅하여 단맛만 나게 한 가공식품과 인스턴트 음식을 좋아하는 사람, 짜게 먹지 말라는 의사의 말만 듣고 무조건 싱겁게 먹는 사람, 과식하는 사람은 고혈압에 걸릴 가능성이 99%이다.

이 외에도 술이나 담배를 하고 정신적 스트레스가 많은 사람은 고혈압 때문에 언제 뜨거운 맛(화장터)을 볼지 모른다.

❧ 당뇨에 걸리기 쉬운 사람들

우리는 주변에서 당뇨로 고생하시는 분들을 아주 흔하게 볼 수 있다. 당뇨는 갈증을 많이 느낀다 하여 소갈증이라고도 하고, 옛날에는 잘 먹고 잘사는 사람들이 걸린다고 하여 부자병이라고도 하는, 병이라기보다는 몸의 상태를 알려주는 증상이다.

  증상은 배가 자주 고프고, 갈증이 심해지고, 소변을 자주 보게 되고, 항상 피곤하고, 갑자기 체중이 감소하기도 하며, 손가락과 발가락이 무감각해지고, 염증이 자주 생기고, 염증이 잘 낫지 않아 썩으면 절단을 해야 하는 등 여러 가지 합병증을 유발하는 건강에 치명적인 무서운 질병이다.

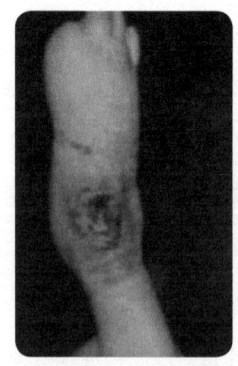 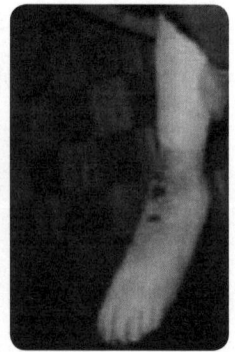

  당뇨병이란 인슐린 분비량이 부족하거나 정상적인 기능이 이루어지지 않는 등의 대사질환의 일종으로, 혈중 포도당의 농도가 높아지는 고혈당 때문에 여러 증상 및 징후들을 일으키고 소변으로 포도당을 배출하게 된다.

  이상은 당뇨로 고생하고 계신 분들은 너무나 잘 아는 내용이다. 당뇨도 고혈압과 마찬가지로 식습관과 매우 밀접한 관계가 있다. 아니, 고혈압보다 더 우리가 먹는 음식과 관계가 있다. 육식, 과식, 저염식, 고열량식, 고당도의 가공식, 인스턴트 음식을 즐기는 사람은 당뇨를 피할 수 없다. 결국 평생 먹어도 낫지도 않는 약과 인슐린 주사로 몸에 구멍만 내며 몸 버리고, 돈 버리고, 고통받다가 뜨거운 맛(화장터)을 볼 수 있다.

이 책 4장의 당뇨를 이기는 방법에 따라 식습관과 생활습관을 빨리 전환하고 실천하길 권한다.

비만에 걸리기 쉬운 사람들

만병의 근원인 비만!

오늘날 우리는 '살과의 전쟁'이라는 표현을 쓰며, 비만을 해결하려고 온갖 방법을 동원하는 시대에 살고 있다. 비만을 해결하려는 목적이 대부분 예쁘게 보이려는 미용에 있지만, 사실 미용보다 더 중요한 것은 건강이다.

비만이 만병의 근원이라는 말은 과장이 아니다. 고혈압, 당뇨, 심장병, 관절염, 각종 암, 아토피, 불임 등 비만과 관계가 없는 질병은 거의 없다.

비만에 걸리는 이유는 딱 두 가지이다. 첫째는 과식이다. 특히 육식 위주의 기름진 식단, 고열량, 고칼로리의 가공식품, 인스턴트 식품을 많이 먹기 때문이다. 둘째는 운동 부족이다. 비만인 사람들은 움직이는 것이 힘들어 열량 소모를 많이 하지 않기 때문에 칼로리가 축

적되는 악순환의 반복으로 점점 더 비만이 심해져 간다.

계속해서 식욕을 억제하지 못하고, 운동도 미루고 살다가 온갖 질병으로 병원과 의사 선생님, 약사 선생님 골프 비용만 지불하며 돈 버리고 몸 버리다 뜨거운 맛(?) 보지 말고, 오늘 바로 결단해서 자신감 있고 당당한 외모와 더불어 건강한 삶을 누려야 할 것이다.

아토피에 걸리기 쉬운 사람들

질병으로 고통받는 사람들을 보면 개인적으로 항상 안타깝고 마음이 아프고 책임감을 느낀다. 특히 어린아이들이 아파하며 고통스러워하는 것을 보는 것은 정말 힘들다.

성인들이 앓는 질병의 99%는 본인들의 잘못 때문에 발병한다(의사들은 인정하지 않지만). 그러나 유아기 때 질병으로 고통받는 어린이는 억울하게도 본인의 잘못이 아니라 99%는 부모의 잘못 때문에 발병한다. 그중에 대표적인 질병이 아토피이다. 이는 '태열'이라 하여 유아들에게 흔히 발병하지만, 이제는 어린이부터 성인까지 광범위하게 나타나고 있다.

'아토피'란 말은 그리스(헬라)어로 '부적당한' '특이한' '알 수 없는' 등의 의미로 1925년 코카(Coca)라는 학자가 처음 사용했다. 이름의 뜻에서 짐작할 수 있듯이 아토피의 발병 원인은 아직 정확히 알려지지 않았으나, 대체로 유전적 요소와 면역계 이상(자가 면역), 환경적 요인 때문에 발생하는 것으로 보고 있다.

아토피에 걸리기 쉬운 사람은 현재 아토피로 인하여 고생하는 사람을 보면 쉽게 알 수 있다.

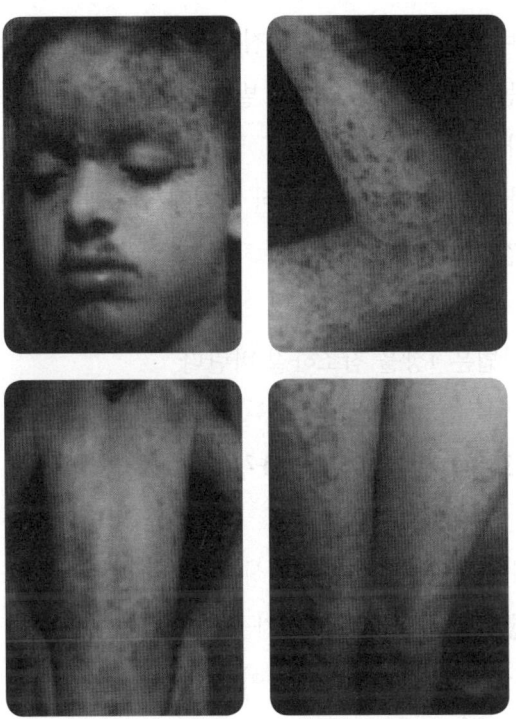

1. 육식 위주의 식습관을 가진 부모가 아이를 가졌을 때, 그 몸속에 쌓여 있던 더러운 독이 자녀에게 전달된 것이다.
2. 출산 후 48시간 동안은 태아에게 물만 먹여서 태변(엄마 뱃속에 있을 때 만들어진 변)을 배출해야 하는데, 병원에서 바로 우유를 먹여서(출산 후 48시간은 모유가 나오지 않음—먹이지 말라는 하늘의 뜻) 태아의 몸속에 독이 쌓여 피부로 나타나는 증상이 아토피이다.
3. 우유를 비롯한 동물성 이유식을 먹일 경우 아토피에 걸릴 가능성이 크다.
4. 어린이와 청소년의 경우도 육식 위주의 기름진 식사와 정제염

을 비롯한 화학조미료가 첨가된 가공식품, 간편식의 과다섭취로 몸속의 독소가 피부로 발산되어 가려움증과 아토피가 나타난다.
5. 기타 면역력 이상과 오염된 환경에서 오래 생활할 경우 아토피에 걸릴 가능성이 크다.

치유 방법은 4장을 참조하길 바란다.

여드름이 생기기 쉬운 사람들

청춘의 다이아몬드, 청춘의 상징이라고 말하는 여드름이지만, 막상 여드름으로 고민하는 당사자들은 얼마나 신경 쓰이고 고통스러우며 깨끗한 피부를 가진 사람이 얼마나 부러운지 모른다. 나도 여드름 때문에 고민해 보았기에 그 마음을 충분히 공감한다.

우리 피부에는 지방선이 있어 피지라는 기름을 만들어 피부 표면으로 배출한다. 이 피지가 수명을 다한 세포와 뭉쳐 모낭의 입구를 막고, 막힌 모낭이 세균에 감염되어 염증으로 발전하는 것이 여드름이다.

사람에 따라 차이가 있으나 여드름은 보통 피지가 많이 생성되는 청소년들에게서 잘 발생한다. 사춘기에는 성호르몬이 증가함에 따라 피부의 피지 양도 증가하는데, 이를 잘 관리하지 못하는 청소년들에게 주로 발생한다.

다음은 식습관과 깊은 관계가 있다. 동물성 기름이 풍부한 고기와 인스턴트 식품, 화학첨가물 덩어리인 가공식품은 피지와 독소를 많이 만들어 피부를 최악의 상태로 만든다. 거기다 지방질 화장품,

헤어 제품, 각종 스테로이드계 치료제 등이 피부에 스트레스를 일으켜 여드름을 더욱 악화시킨다. 맑고 깨끗한 피부를 원한다면 4장의 방법을 따르길 권한다.

감기 몸살에 걸리기 쉬운 사람들

죽을병도 아닌 것이 죽을 것같이 아프고, 머리는 빙빙 돌고 열은 나는데 오들오들 떨리고, 온 전신은 조폭들한테 끌려가 두들겨 맞은 것같이 쑤신다.

더 힘든 건 아픈 몸을 이끌고 병원에 가서 처방전 받고, 약국 가서 줄 서서 약 받아 먹었으면 나아야 하는데, 약을 먹었을 때는 괜찮다가도 약 기운이 떨어지면 똑같다는 것이다. 이럴 거면 약은 뭐 하러 먹어서 안 아프던 속까지 쓰리게 하는지 화병까지 얻게 될 지경이다. 이것이 그 지긋지긋한 감기 몸살이다.

감기를 치료하는 약이 없다는 이 공공연한 비밀을 아직도 모르는 이가 많다. 감기약 봉지 속에 들어 있는 건 해열제, 진통제, 약 때문에 위벽 쓰리지 않게 하는 제산제, 감기와 관계없는 항생제 등이다. 그래서 감기 걸렸을 때 낫는 데 약 먹으면 1주일, 안 먹으면 7일 걸린다는 말이 나온 것이다.

몸의 활력인 기가 감해진 것, 기가 떨어진 것을 한의학에서는 감기라고 한다. 아주 정확한 표현이다.

감기에 잘 걸리는 사람은 다음과 같은 사람이다.

1. 무리한 노동이나 운동을 하는 사람
2. 기의 소모가 가장 많은 성관계를 지나치게 하는 사람
3. 면역력이 없는 노인이나 어린이들처럼 작은 온도 변화에도 민감한 사람

만병의 시작이라고 하는 감기와 평생 관계없이 사는 방법은 4장에서 체득할 수 있을 것이다.

변비에 걸리기 쉬운 사람들

건강은 잘 먹고 배설만 잘하면 유지된다. 잘 먹기는 했는데 나와야 할 것이 제때 안 나와 뒤가 찜찜한 것이 변비이다. 변비가 생기면 기분도 나쁘고 불쾌할 뿐더러 건강에도 매우 해롭다.

내가 경험한 환자 중에 간질을 앓던 아주 잘생긴 청년이 있었는데, 그는 간질의 원인을 몰라 제발 원인이라도 알았으면 좋겠다고 했다.

며칠 동안 나도 원인을 몰라 애태우다 대변을 평균 10일에 한 번, 길게는 15일에 한 번 본다는 것을 알게 되었다. 이처럼 변비가 심하면 간질 증상까지 생길 수 있다.

장에 쌓여 있는 변은 많은 독소를 만들어 낸다. 몸 밖으로 배출되지 못한 독소는 몸 내부로 퍼져 아토피를 비롯한 피부 트러블, 고혈압, 당뇨, 대장 용종, 대장암 등 여러 가지 질병을 유발한다.

식이 섬유질이 없는 육식 위주의 식습관을 가진 사람, 변비약을 먹는 사람은 절대로 변비에서 해방될 수 없다. 생각보다 무섭고 찜찜한 변비를 이기는 방법은 4장에 있다. 잘 참조해서 적용하면 가볍고 상쾌하게 살 수 있을 것이다.

❧ 만성 피로에 걸리기 쉬운 사람들

현대인들은 여러 가지 이유로 늘 지치고 힘들고 피곤한 만성 피로를 달고 산다. 문명이 발달하고 지식도 풍부하고 먹을 것도 넘치는데 왜 옛날보다 더 힘들게 살아갈까? 그 이유는 절대적 빈곤이 아니라 상대적 빈곤 때문이다. 즉, 삶의 질을 높여야 한다는 강박이 남과 비교하는 습관을 만들어 현대인들을 이토록 피곤하게 만드는 것이다.

회사에서는 능력을 인정받아 승진하기 위해 직장 동료와 경쟁해야 하고, 또 이왕이면 큰 집에서 살아야 한다고 생각한다. 부모는 애들 좋은 대학에 보내려고 학원에, 과외에 뒷바라지하느라, 또 애들은 애들대로 되지도 않는 공부하느라 모두 쉴 틈도, 여유도 없이 늘 피곤에 찌들어 산다. 왜 그렇게 살아야 하는지 이유도 모른 채 죽기 살기로 그렇게 살고 있는 것이 현대인들의 삶의 현주소이다.

그러나 꼭 그렇게 살아야만 하는 것인지 스스로 한번 질문해보라. 무엇을 위해 뛰고 있는지, 누구를 위해 종을 울리는지 자문자답해 보라. 만성 피로에 걸리기 쉬운 사람은 만족이 없는 사람, 여유가 없는 사람, 감사가 없는 사람, 간 기능에 문제가 있는 사람, 영양 과잉이나 결핍이 있는 사람, 수면이 부족한 사람, 신체 면역력과 의욕과 열정이 없는 사람이다. 이러한 사람은 만성 피로에 시달리다 갑자기 건강상의 큰 문제를 만날 수 있다.

❧ 위장병에 걸리기 쉬운 사람들

1. 불규칙한 식사를 하는 사람
2. 정제염과 화학조미료로 조리한 음식을 주로 먹는 사람

3. 인스턴트 가공식품을 많이 먹는 사람
4. 스트레스 때문에 소화가 잘 안 되는 사람
5. 과식 또는 폭식 하는 사람
6. 싱겁게 먹는 사람
7. 병원에서 주는 각종 약을 먹는 사람
8. 술, 담배, 마약 등에 중독된 사람

기타 자극적인 기호식품이나 유해 식품은 위장을 비롯한 건강을 해칠 수 있다. 먹은 대로, 심은 대로 거둔다는 영원불변의 법칙을 잊지 말라. 위장병으로 고생하는 사람은 4장을 참조하면 몸도, 돈도 잘 지킬 수 있을 것이다.

불임(不姙)이 되기 쉬운 사람들

우리나라의 신생아 출산율은 세계에서 제일 낮은 0.7명으로 2위 이탈리아의 1.3명과도 큰 차이가 난다.

아기를 못 낳도록 국가에서 수단과 방법을 가리지 않고 산아제한을 한 것이 엊그제 같은데, 이젠 상황이 완전히 바뀌어 국가에서 출산을 장려하는 온갖 캠페인과 제도를 만들고 있다.

태어나는 아이가 없다는 것은 가정적으로는 슬픈 일이고, 국가적으로는 나라의 미래가 어둡고 희망이 없다는 것이다.

자식을 낳지 못하는 사람과 가정은 동서고금을 막론하고 고통과 학대를 받고, 심지어 이를 죄악시하며 천벌로 여기기까지 했다. 그 피해는 고스란히 죄 없는 여인들이 억울하게 뒤집어쓰기도 했다. 무엇보다 화목하고 사랑이 넘치는 부부 사이에 아기가 없다는 것은 너무나 안타까운 일이다.

불임의 원인은 너무나 많고 사람마다 건강 상태가 달라서 정확한 원인을 밝히기는 쉽지 않다. 분명한 것은 수많은 사람이 아기를 갖기를 갈망하지만, 임신이 되지 않는다는 사실이다.

임신이 되려면 두 가지가 다 좋아야 한다. 아름다운 열매를 맺으려면 먼저 씨(정자)가 좋아야 한다. 그리고 밭(난자)도 옥토가 되어야 한다. 이 두 가지 중 어느 한 가지라도 문제가 생기면 열매는 맺히지 않는다. 지난 수천 년 동안 임신이 되지 않으면 무조건 여자 때문이라고 생각했다. 하지만 지금은 불임의 원인이 남성 쪽에 있는 경우가 많다는 것이 밝혀졌다. 술, 담배, 과도한 업무 스트레스, 무절제한 식습관과 생활습관이 불임의 주된 원인이다.

불임 여성은 비만인 경우가 매우 많다(물론 마른 체형도 있긴 하다). 일단 비만이라는 단어에는 육식 위주의 기름진 식습관을 비롯하여 싱겁게 먹고, 짠 음식 싫어하고, 설탕을 비롯한 단맛에 길들어 있고, 운동 안 하고, 움직이는 것을 싫어하는 등 여러 가지 의미가 내포되어 있다. 한마디로 아기를 임신할 수 있는 환경이 만들어지지 않는 것이다.

또한 여성의 사회활동으로 말미암아 임신이 되지 않는 경우도 많아졌다. 집에서는 가사일로 쉴 틈이 없고, 직장에서는 과도한 업무로 인하여 정신적, 육체적 피로가 쌓여 임신이 되지 않는 것이다.

이 외에도 환경오염, 화학첨가제 범벅인 인스턴트 식품과 가공식품 섭취, 술·담배·커피 등 잘못된 기호 식품 섭취 등 식습관과 생활습관이 잘못된 이들은 불임 가능성이 크다. 불임을 극복할 수 있는 방법은 4장에서 확인할 수 있다.

🍁 불치·난치·희귀병에 걸리기 쉬운 사람들

크론병, 루게릭병, 칸디다증, 파킨슨병, 루프스, 기면증, 베체트병, 림프절 종대, 교원병, 호모시스틴뇨증, 메니에르병, 섬유근종, 윌슨병, 뫼비우스 증후군, 폴란드 증후군, 엘러스-단로스 증후군, 위스코트알드리히 증후군, 웃거나 울면 기도가 막혀 죽는 병인 코넬리아드랑게 증후군, 하이랜더 병….

앞서 언급했듯 우리는 듣도 보도 못한 희귀·불치·난치병들이 너무도 많은 세상에서 살고 있다. 나와는 아무 상관 없다는 듯 애써 외면하며 살고 있지만, 언제 나와 상관이 있게 도리지 늘 불안하다.
희귀·불치·난치병은 도대체 어떤 사람들이, 왜 걸리는 것일까?
그 정확한 답은 아무도 모른다. 단지 내가 그 주인공이 되지 않기를 바랄 뿐이다. 하지만 지금의 가공식품, 인스턴트 음식, 육식 위주의 식습관, 환경오염, 화학조미료, 화학첨가제, 농약, 화학비료, 성장촉진제, 비닐하우스 재배로 인한 계절 파괴, 대량생산을 위한 상업농, 휴대폰·TV·전자레인지 등 엄청난 전자파, X-ray 촬영, CT 촬영, 항생제 남용 등 일상생활 속 모든 것이 창조 질서에 어긋나 있기에, 돌연변이 세포인 암과 각종 기형과 희귀·난치·불치병들이 세상을 더욱 병들게 할 것이다.

그 대가는 우리와 우리의 자식들, 후손들이 혹독하게 치를 것이고, 현재 진행 중이다. 다른 병들도 마찬가지지만 희귀·난치·불치병들은 원인도 모르고, 치료 방법도 모른다. 더 큰 문제는 원인도 해결책도 모르면서 약과 메스로 난도질하는 의료계와 이를 따르는 맹신병 환자들이다.

3장

인간 사용설명서에 따른 치유를 위한 구체적 방안

1. 치유의 원리
– 대자연 속에, 인체 속에, 성경 속에 살길이 있다

고장 난 자동차는 자동차 제조회사 A/S 센터로, 고장 난 컴퓨터는 컴퓨터 제조회사 A/S 센터로 가면 된다. 그런데 몸이 고장나면 어떻게 해야 하는가? 고장 난 몸, 병든 몸을 고치고 싶은가?

그러면 병원이나 약국이 아니라 인간을 창조한 하나님을 찾으라! 창조주가 만든 인체 사용설명서인 성경에 살길이 있다.

창조주가 알려주는 질병 해결법!

창조주가 우리 몸속에 넣어주신 자연치유력, 곧 몸 스스로 치유하는 인체의 신비가 바로 해결법이다. 창조주께서는 우리의 몸속에 병을 치유할 수 있는 능력을 넣어주셨다. 또한 산천초목 대자연 속에 살길이 있다. 이것이 하나님께서 우리 인간에게 주신 만병을 치유하는 비밀로, 곧 인간 사용설명서 매뉴얼대로 관리하고 사용하는 것이다.

인간은 본래 병에 걸리지 않게 창조되었다.

하나님께서 자신의 형상대로 인간을 창조하셨기 때문이다(창 1:26). 하나님은 감기도, 암도, 그 어떤 병도 걸리지 않는 분이시다.

그러면 인간에게 언제부터 질병과 고통, 죽음이 왔는가? 인간이 죄를 범한 이후부터이다(창 3:6, 17-19; 롬 6:23).

하지만 하나님께서는 우리를 너무나 사랑하시기 때문에 질병으로 고통받으며 살기를 원치 않으신다. 병이 들더라도 치유할 수 있는 방법을 우리의 몸속에, 성경 속에, 대자연 속에 넣어놓으셨다(성경을 모르고 안 믿는 세상 사람들이 훨씬 불리하다).

- **몸:** 완전하게 만들었기 때문에 병을 퇴치하고 방어하고 치유할 수 있는 자연치유력을 넣어놓으신 것이다. 인간이 만든 컴퓨터와 자동차도 스스로 고장 난 곳을 알고 바이러스를 퇴치하는데 하물며 인간에게 그런 능력이 없겠는가!
- **대자연:** 모든 식물은 그냥 주신 것이 아니라 각각 목적과 이유를 가지고 있다. 이것을 잘 활용하면 모든 병을 고칠 수 있다. 일명 민간요법으로, 아프리카든 유럽이든 우리나라든 모두 가까운 곳에 있다.
- **성경:** 성경 말씀 속에는 정치, 경제, 군사, 예술, 종교, 의술, 교육, 철학, 과학 등 우주 만물에 관해 없는 내용이 없이 다 기록되어 있다. 그중에 질병을 가장 완벽하게 치유할 수 있는 비법도 넣어놓으셨다.

마치 자동차가 고장 났을 때 A/S를 의뢰하면 해당 제조사가 수리를 가장 잘해주고, 휴대전화나 가전제품도 해당 제조사에서 가장 잘 알고 잘 고치는 것처럼, 우리는 이 사용설명서대로만 사용하면 고장도 안 나고, 간단한 수리는 설명서만 보고도 할 수 있다.

　인간을 만드신 하나님께서 우리를 가장 잘 아시고 고장이 나도 수리를 가장 잘하실 수 있다. 하나님은 인간 사용설명서인 성경 속에 사용 방법과 수리 방법을 전부 기록해 놓으셨다. 그런데 인간들이 그것을 알지도 믿지도 않아 아프고 병들고 죽어가는 것이다.
　교회 개척을 앞두고 무기를 달라고 기도한 나에게 하나님께서는 이것을 깨닫게 해주시고, 길을 열어주시고, 지혜를 주시고, 영안(靈眼)을 열어주셔서 사명을 감당하도록 인도하여 주셨다.
　그 내용을 지금부터 공개하고자 한다.

2. 하수구같이 썩어가는 몸
- 청소 좀 하면서 살자

책을 시작하며 '죽어가는 붕어 살리기 경연대회'를 이야기했다.

오염되어 하수구같이 썩은 물에서는 붕어들이 병들고 죽어가는 것이 너무나 당연하다. 그러나 썩은 물

에서 병들어 죽어가는 붕어들을 살려내는 것은 그리 어렵지 않다. 그저 강을 깨끗하게 청소하고 붕어들이 살기 좋은 환경으로 만들어 주면 된다. 그러면 나쁜 병균들, 바이러스들은 살기 어려운 환경이 된다. 1급수의 깨끗한 물에 사는 물고기는 4급수나 5급수의 오염된 물에서는 살 수 없어 병이 들거나 죽는다. 반대로 4급수나 5급수에

사는 물고기도 1급수의 맑은 물에 가져다 놓으면 살 수가 없어 스스로 그곳을 떠나거나 죽는다.

우리의 몸은 1급수를 요구하나 환경오염이나 과도한 스트레스, 가공식품, 인스턴트, 농약, 유전자 변이, 비닐하우스로 인한 계절의 망각, 항생제, 각종 첨가제, 방부제, 육식, 수입농산물 등 현실은 최악의 수질이다. 결국 1급수에 살아야 하는데 4급수나 5급수에 사는 물고기처럼 우리의 몸이 병들고 죽어가는 것이다.

우리의 몸을 1급수의 맑고 깨끗한 상태, 하나님이 만든 본래의 모습으로 되돌려놓으면 몸속에 있는 세균이나 바이러스, 암 덩어리들은 그곳에 있을 수 없어 스스로 떠나게 된다. 우리의 오염되고 냄새나고 썩어가는 몸을 깨끗하게 청소만 해주어도 질병은 치유된다.

그것이 바로 몸의 자연치유력이고, 건강하게 살 수 있는 방법의 하나다. 다시 한번 예를 들어보자. 후미진 골목 구석에 생각 없고 양심 없는 사람들이 온갖 쓰레기와 더러운 것들을 마구 버리고, 심지어 개들이 실례를 해서 온갖 악취로 구더기, 벌레, 똥파리, 세균들이 득실거린다면 어떻게 해야 할까? 만약 우리 몸이 이런 상태라면 이것을 어떻게 해결해야 할까?

절에 다니는 사람이나 스님들은 목탁을 두들기며 염불을 외우는 등 야단법석하면서 시주를 많이 하면 해결된다고 할 것이다. 교회에 다니는 신자나 목사님은 예배를 드리고 찬양을 하고 하나님께 울며 불며 기도하면서 이 문제를 해결해 달라고 할 것이다. 점쟁이는 작두를 타고 춤을 추고, 조상의 묘를 잘못 써서 그러니, 사주팔자가 잘못돼서 그러니 하며, 큰 굿을 하고 부적을 붙여야 한다고 할 게 뻔하다.

의사는 검사부터 해보자며 소변 검사, 대변 검사, 피 검사, 조직 검사, X-ray·MRI 촬영 등 온갖 검사를 한 후에 좋은 화공약품으로 만든 방향제만 계속 뿌릴지도 모른다.

한의사는 온갖 약재를 달여서 중화시키고 침을 놓고, 뜸을 뜨고, 오행에 따라, 체질에 따라 처방해야 한다고 난리를 치며 온갖 수단과 방법을 다 동원하지만, 낫지는 않고 간만 더 아플 수도 있다.

하지만 사실 해결 방법은 너무나 간단하고 쉽다. 쓰레기와 오물을 깨끗이 치워버리고 물청소를 해버리면 더는 악취도, 세균도, 바이러스도, 똥파리도 오지 않을 것이다. 너무 비약이 심하다고 생각할지 모르지만, 우리 현실이 그렇다.

우리 몸은 유효기간이 지나도 썩지 않게 하는 방부제와 온갖 화학조미료 범벅으로 만든 먹을거리로 인해 바퀴벌레도 안 먹는 가공식품 쓰레기처리장이 되어 병들고 망가지고 있다. 과식, 폭식, 육식으로 배는 숙변이 가득해서 남산만 하고, 살은 흘러넘치고 주체를 못해서 소아 당뇨, 소아 고혈압이 낯설지 않은 단어가 된 지 이미 오래이다.

들도 보도 못한 희귀병들이 만연해 있고, 병원도 많고, 똑똑하고 공부 잘하는 의사도 많고, 약사도 한의사도 넘쳐나는데, 왜 환자와 질병은 줄지 않고 병원마다 환자들로 넘칠까? 그것은 간단한 원리를 망각하고 외면하고 무시하기 때문이다. 우리 몸을 1급수로 만들어 주고 원래 상태로 되돌리기만 하면, 질병, 세균, 바이러스, 암 덩어리 등 그 어떤 것도 다 떠나고 건강하게 살 수 있다.

이제부터 우리 몸을 1급수 상태, 깨끗하고 활력 넘치는 청춘으로 되돌리는 방법을 구체적으로 하나하나 살펴보고자 한다.

3. 사람을 병들게 하는 음식

오늘날 우리 주변에는 온갖 먹을거리가 넘쳐난다. 이보다 더 풍족한 시대는 유사 이래 없었다. 그 많은 먹을거리 중에는 우리 몸을 건강하게 만들어주는 것도 있지만, 우리 몸을 병들게 하는 것도 너무나 많다.

결론부터 말하면, 사람을 병들게 하고 죽이는 식품은 고기, 인스

턴트 식품, 설탕, 정제염, 성장촉진제·사료·항생제로 키우며 대량 생산하는 상업적 농축산물, 유전자 변형 농산물(GMO), 방부제·발색제·향신료·화학첨가제로 만든 가공식품, 화학비료와 농약을 뿌리며 비닐하우스에서 자연의 법칙을 무시하고 생산하는 계절에 안 맞는 먹을거리이다.

이 외에도 술, 담배와 유통과정에서 변하고 오염된 먹을거리 등 이루 헤아릴 수 없다. 이것들로 인해 우리 몸은 지금도 병들어가고 있다. 그럼 먹을 것이 하나도 없는데 굶어 죽으라는 것이냐고 물을 수 있지만, 그럼에도 이것만은 꼭 알아두어야 한다.

돼지, 소, 닭의 체온은 몇 도일까?

소나 돼지, 닭 등 우리가 즐겨 먹는 가축들의 체온이 몇 도인지 아는가? 소와 돼지는 39.8도로 거의 40도이고, 닭은 정확히 40.8도로 거의 41도 정도가 된다. 이 온도 때문에 삼겹살의 기름은 상온에 두면 금방 하얀색 고체로 바뀐다. 사람은 36.5도가 정상인의 체온이다. 닭과는 무려 5도 정도나 차이가 있다.

그럼 이런 가축의 기름이 우리 몸속에 들어오면 어떤 현상이 생길까? 사람과의 온도 차이 때문에 그 기름은 약간의 고체 상태로 변화되어 우리 피의 흐름을 방해하는 고지혈증을 유발하고, 혈압을 상승시켜 고혈압을 일으키며, 뇌의 모세혈관을 막거나 터지게 하여 중풍을 일으킨다. 그래서 지혜로운 우리 조상들은 닭고기를 많이 먹으면 풍(중풍)에 걸린다고 하여 기온이 가장 높아져 닭의 체온과 비슷해지는 삼복 더위에만 닭고기를 먹었다.

🍁 돼지가 처음이자 마지막으로 하는 목욕은?

돼지가 목욕을 한다니, 웬 말도 안 되는 수퇘지 새끼 낳는 소리냐고 할 분이 있을지도 모르겠다. 그런데 혹시 돼지가 목욕하는 것을 본 적이 있는가? 그러면 돼지가 사는 우리를 본 적은 있는가?
나는 어렸을 때 부모님께서 돼지를 키웠기 때문에 돼지가 어떤 곳에서 사는지 잘 안다. 당연히 돼지우리이다. 지저분하고, 더럽고, 냄새 나고…. 어떤 장소가 몹시 더러우면 흔히 돼지우리 같다고 하지 않는가? 더러움의 대명사가 돼지이고, 돼지우리이다. 오죽하면 하나님께서 성경 레위기 11장을 통해 부정한 음식이라고 먹지 말라고 하셨겠는가? 지금은 깨끗해졌다고? 천만에, 당장 한번 가보길 바란다. 아마 삼겹살을 비롯하여 돼지고기는 절대로 안 먹는다고 할 것이다.
소든 돼지든 가축이 목욕이란 걸 평생 안 한다는 것은 너무나 당연하다. 도살장에서 죽여서 털 뽑고 물 한 번 뿌리고 나면 절대로 더 씻기지 않는다. 고기를 씻으면 세균에 오염될 염려도 있지만, 씻고 나면 유통기한이 훨씬 짧아지기 때문이다.
정육점에서 삼겹살 살 때 씻어주는 곳을 보았는가? 소비자들은 당연히 깨끗하리라 믿고 그냥 먹는다. 돼지고기가 들어간 탕이나 전골을 먹을 때 냄비 국물에 둥둥 떠다니는 검회색 덩어리들이 무엇인지 아는가? 그것이 바로 돼지가 처음이자 마지막으로 뜨거운 냄비 목욕탕에서 목욕하면서 나온 돼지 때이다. 그런데 그것을 돼지기름이라며 심지어 밥까지 말아서 맛있게 드시는 분도 있다. 사실 그것은 돼지기름과 때가 뭉쳐진 덩어리이다. 못 믿겠으면 오늘 당장 식당에 가서 돼지고기가 들어간 탕이나 전골을 한번 먹으면서 확인해 보라.

그래도 계속 먹겠다고 하면 어쩔 수 없지만, 앞서 얘기한 대로 육식은 사람의 피를 탁하게 하고, 고지혈로 혈액 순환을 방해하며, 수많은 질병을 일으킬 수 있다. 나는 유대교나 무슬림, 안식일 교인이 절대로 아니다. 이를 먹지 않는 것이 사람의 건강에 좋기 때문에 독자들을 정말로 사랑하고 아끼는 마음으로 권하는 것이다.

이를 먹지 않는 대신 땅콩이나 잣, 호두, 콩 등 식물성 견과류와 생선을 먹으면, 양질의 지방과 단백질 등 몸에 좋은 영양분을 섭취할 수 있다.

아울러 구제역으로 충격에 싸인 축산업 종사자들을 두 번 힘들게 하는 것 같아, 시골에서 소를 키우고 계신 나의 아버지를 비롯한 축산업 종사자들께 죄송하단 말씀을 드린다.

4. 사람을 살리는 음식
- 휘발유 자동차에 경유를 넣고 운행하면 어떻게 될까?

"음식물을 당신의 의사 또는 약으로 삼으라! 음식물로 고치지 못하는 병은 의사도 고치지 못한다." - 의성(醫聖) 히포크라테스

음식만큼 사람의 질병과 관계가 깊은 것은 없다.

사람은 도대체 뭘 먹고 살아야 하는가? 도대체 어떤 음식이 인간의 몸에 좋은 음식인가? 속 시원하게 알려주는 곳도, 사람도 없어 답답하기만 하다.

휘발유로 움직이는 차에 경유나 등유를 넣고 운행하는 바보 운전자는 아무도 없을 것이다. 그러면 금방 고장 나서 차를 사용하지 못할 것을 알기 때문이다.

전자제품을 사면 꼭 사용설명서를 봐야 하듯이, 인간이 무엇을 먹고 살아야 하는지를 알려면, 창조주께서 만든 인간 사용설명서인 성경의 첫 장(창세기 1장)을 보면 된다. 하나님께서는 천지 만물을 창

조하시고 마지막으로 인간을 만드신 후에 그 인간들의 먹을거리를 분명히 지정해 주셨다.

바로 창세기 1장 29절에 "하나님이 가라사대 내가 온 지면의 씨 맺는 모든 채소와 씨 가진 열매 맺는 모든 나무를 너희에게 주노니 너희 식물이 되리라"라고 명시해 놓으셨다. 이 말씀대로 채소와 과일만 먹고 살았던 당시 사람들은 평균 900세 이상을 건강하게 살았다는 것을 성경을 통하여 알 수 있다. 그것도 800년 이상 왕성하게 자식을 출산하면서….

하지만 인간의 죄악이 세상에 관영하므로 1차로 물로 심판할 때 지구가 150일간 물에 잠겨 있어 채소와 과일을 먹을 수 없게 되자 하나님께서 육식을 허락하셨고, 이후 인간의 수명은 100세 이하로 급격히 줄어들게 되었다. 현재는 가공식품, 인스턴트 음식, 화학조미료, 화학첨가제, 화학비료, 농약 등 인체에 유해한 먹거리 환경으로 인하여 온갖 질병에 시달리다 80세 전후로 흙으로 돌아간다.

사람을 살리는 음식은 간단하게 말해서 신토불이이다. 새삼스럽게 들릴지 모르겠지만, 자기가 사는 땅에서 제철에 나는 채소와 과일이 사람을 살리는 최고의 음식이다. 비닐하우스보다는 논밭에서 나는 것, 논밭보다는 노지에서 나는 것, 노지보다는 야생에서 나는 것, 야생보다는 물 좋고 공기 좋은 숲속에서 나는 것이 최고의 식품이다.

인간은 먹을거리가 가지고 있는 생명력을 먹는 것이다. 돼지고기를 먹으면 지저분하고 더러운 돼지의 생명력을, 바다의 생선을 먹으면 푸른 바다의 생명력을, 과일을 먹으면 신선한 과일의 생명력을 먹는 것이다. 그래서 산삼을 먹으면 공기 좋고 물 좋은 곳에서 수십 년간 농축된 좋은 생명력을 먹는 것이기에 아픈 사람들이 살아나는 것이다.

그래서 소나 말, 기린 등 초식동물은 온순하고 부지런하고 성실한 반면, 사자, 호랑이, 하이에나 등 육식동물은 맹수라 하여 힘이 넘치되 해소할 방법이 없어 매일 싸우고, 암놈만 밝히고, 성질은 더럽고 포악하며, 게을러서 일하기는 싫어한다. 사람도 육식을 좋아하는 사람은 맹수들과 비슷한 성향을 띠는 것을 주변 사람들을 보면 쉽게 알 수 있다. 초식동물과 마찬가지로 과일과 야채를 좋아하는 사람은 성격도 온순하고 성실하고 착하며 부지런한 것이 비슷하다.

결혼을 앞둔 미혼 남녀와 그 부모는 배우자를 선택할 때 식습관을 참고하면 실수하지 않고 그 사람의 성격과 미래를 쉽게 짐작해 행복하고 건강한 결혼 생활을 할 수 있다.

아무튼 질병을 치유하고, 병들지 않고 건강하게 살고 싶으면, 인간 사용설명서(성경)대로 먹어야 한다.

5. 금식
― 모든 질병 치유의 출발점

"나의 기뻐하는 금식은 흉악의 결박을 풀어주며 멍에의 줄을 끌러 주며 압제당하는 자를 자유케 하며 모든 멍에를 꺾는 것이 아니겠느냐…그리하면 네 빛이 아침같이 비칠 것이며 네 치료가 급속할 것이며 네 의가 네 앞에 행하고 여호와의 영광이 네 뒤에 호위하리니 네가 부를 때에는 나 여호와가 응답하겠고 네가 부르짖을 때에는 말하기를 내가 여기 있다 하리라‥주린 자에게 네 심정을 동하며 괴로와 하는 자의 마음을 만족케 하면 네 빛이 흑암 중에서 발하여 네 어두움이 낮과 같이 될 것이며 나 여호와가 너를 항상 인도하여 마른 곳에서도 네 영혼을 만족케 하며 네 뼈를 견고케 하리니 너는 물 댄 동산 같겠고 물이 끊어지지 아니하는 샘 같을 것이라"(이사야 58:6-11).

이 성경 말씀을 통하여 알 수 있듯이 금식은 하나님께서 우리 몸이 병들고 문제가 있을 때 가장 확실하면서도 자연치유력을 극대화

할 수 있도록 한 제일 좋은 방법의 하나이다. 그 증거로 동물은 병들면 나을 때까지 먹이를 먹지 않는다. 사람 또한 병이 나거나 감기만 걸려도 입맛이 뚝 떨어져 전혀 식욕이 생기지 않는다.

이것은 우리 몸이 스스로 살려고 하는 신호이자 치유하는 방법인데, 현대인들은 병이 나면 오히려 잘 먹어야 한다며 억지로라도 음식과 약을 먹어서 질병을 더 악화시키고, 치유 기간만 더 길어지게 함으로 고생을 자초하고 있다.

현대인의 병은 많이 먹어서 생기는 질병이 90% 이상이다. 즉, 영양이 넘치고 축적되어 썩어서 독소를 만들면서 온갖 질병이 생기는 것이다. 지금 당신이 고통받고 있는 질병에서 해방되고 싶으면 먹는 것을 줄이고 20일만 금식을 해보라. 어떠한 고질병, 난치병, 불치병이라도 치유되고 회복되어 건강한 몸으로 살아갈 수 있을 것이다.

물론 3일 이상 금식할 경우에는 전문가의 도움을 꼭 받아야 한다. 그렇지 않으면 오히려 역효과를 가져올 수 있기에 무모한 금식은 절대로 삼가야 한다.

금식은 양날을 가진 칼과 같아서 잘 사용하면 최고의 치유법이다. 노벨 생리학상을 받은 의학자 알렉시스 카엘 박사는 "금식은 몸을 정화하고 조직을 개선하며 독소를 배출하는 놀라운 기능을 한다"라고 했고, 독일의 의학자 부아우흘레 교수는 "금식은 메스를 대지 않는 수술이다"라고 했다. 이들의 극찬처럼 금식은 하나님이 주신 우리 몸 안의 최고의 자연치유력을 위한 선물이요, 우리 몸 안의 명약이자, 명문 병원의 기능을 한다. 그러나 잘못 사용하면 흉기가 되어 낭패를 볼 수 있는 것이 또한 금식이니 각별한 주의가 필요한 치유법이다. 금식의 구체적인 효과는 이루 말할 수 없이 많지만, 간단하게 요약 정리하면 다음과 같다.

금식의 효과

① 정신적 효과
- 이해력이 빠르고 깊어진다.
- 기억력이 월등해진다.
- 의지력과 인내력, 참을성이 강해진다.
- 자신감이 생긴다.
- 자신의 능력이 극대화된다.
- 머리가 맑아지고 명쾌한 기분을 갖게 된다.
- 잡념이 사라지고 허욕과 탐심이 사라진다.
- 꿈과 희망이 커지고 선해진다.
- 긍정적이고 적극적인 사고를 하게 된다.

따라서 공부하는 수험생에게 큰 도움이 된다.

② 영적 효과
- 대자연의 섭리를 알게 된다.
- 교인은 신앙심이 깊어진다.
- 종교적 진리를 깨닫게 된다.
- 기독교인은 하나님의 섭리와 은혜에 감사하게 된다.

그래서 기독교에서는 성도들의 경건 훈련과 영성 수련을 위하여 꾸준히 금식을 해왔으며, 성경에서 대표적으로 모세가 십계명을 받기 전 시내산에서 40일간 금식기도를 하였고, 예수님도 공생애를 시작하시기 전 광야에서 40일간 금식하셨다.

이슬람에서는 마호메트가 금식은 종교로 들어가는 문이라고 하여 회교력 9월(라마단)에는 매일 이른 아침부터 해질 때까지 금식한다.

유대교에서도 매년 1월 10일 대속죄일에는 꼭 금식을 하며, 그 외에도 일 년 중 많은 날을 금식한다. 기타 종교에서도 수행과 구도의 주요 수단으로 정신 단련과 수양, 회개 등 몸과 마음의 자유를 얻기 위한 다양한 목적으로 금식을 한다.

③ 육체적 효과
- 건강이 월등히 증진된다.
- 허약 체질이 건강 체질로 전환된다.
- 면역력이 향상한다.
- 알레르기가 사라진다.
- 비만증이 교정된다.
- 노이로제가 해소된다.
- 불면증이 사라진다.
- 스트레스가 해소된다.
- 산성 체질이 중성 체질로 순환된다.
- 피로감이 사라진다.
- 얼굴형이 예뻐지고 피부가 좋아진다.
- 암을 비롯한 어떠한 질병도 치유된다.
- 당뇨와 혈압이 정상으로 회복된다.
- 기력과 정력이 증진된다.
- 야윈 사람은 살이 찐다.
- 젊어진다.

- 편식이 교정된다.
- 술과 담배를 끊게 된다.
- 몸속의 독소와 노폐물이 빠진다.
- 숙변이 제거된다.
- 위장을 비롯한 장기들을 쉬게 하므로 각 기능이 회복된다.

이처럼 금식은 우리 몸을 비롯한 정신과 영혼의 건강에 탁월한 치유 효과를 얻게 하는 하나님께서 주신 선물이며, 신비의 세계이다.

당신의 몸이 지금 병들어 죽어가고 있는가? 살고 싶으면 당장 금식을 시작하라. 놀라운 기적을 체험하게 될 것이다.

금식의 방법 및 주의사항

금식은 먼저 본인의 건강 상태를 잘 파악하여 며칠 동안 할 것인지를 전문가의 지도를 받아 계획하고 준비하여 진행하는 것이 가장 중요하다.

① 예비 금식

예비 금식은 전문가와 상의하여 계획한 금식 일수나 그 이상의 기간에 현미나 오곡밥을 한 공기에서 반 공기로, 다음은 된 죽에서 멀건 죽으로, 마지막은 미음으로, 차차 단계적으로 음식의 양을 줄여가는 것이다.

이는 창자의 급격한 수축에 따른 부작용을 막는, 본 금식을 위한 준비 작업으로 육식은 절대로 금해야 하며 술과 담배도 하지 않는 것이 좋다.

단, 큰 부상을 입었거나 맹장염, 감기, 급성 설사 등 급한 병의 경우에는 곧장 금식에 들어가는 것이 효과적이다. 예비 금식을 잘하면 본 금식 중에 나타날 수 있는 오한, 구토, 기아감, 공복감 같은 고통을 느끼지 않을 수 있다.

② 예비 금식 시 주의사항
- 본 금식 1주일 전부터 육식은 절대 금해야 한다.
- 술과 담배는 절대로 하지 말아야 한다.
- 본 금식 3일 전부터 성관계는 하지 않는 것이 좋다.
- 혹자는 금식을 시작하면 먹을 수 없으니 그전에 실컷 먹는데, 그러면 부작용이 매우 크고 힘든 금식이 되니 이는 어리석은 생각이다.

③ 본 금식

　내가 지도하는 금식은 일반적으로 교회의 기도원이나 단식원 같은 곳에서 하는 방법과 큰 차이가 있는 특별한 금식 방법으로 기아감이나 고통이 없다.

　본 금식 중에는 소금물(1% 미만) 생수와 함께 감잎차나 본인의 건강 상태에 맞는 각종 차를 마시는 것이 매우 중요하다. 한 번에 많이 마시는 것보다 소변의 색깔이 보이지 않을 정도까지 조금씩 마시고, 물은 오염되지 않은 생수를 마셔야 하며, 염소로 소독된 수돗물이나 끓인 물과 같은 생명력이 없는 물은 먹지 않는 것이 좋다.

　금식 중에 물을 적게 마시면 수분이 결핍되어 부작용이 생기고 장 속의 가스와 노폐물과 숙변을 배출시킬 수 없기 때문에 하루에 1.5L 이상 충분히 먹는 것이 매우 중요하다. 또 공복감이나 기아감, 영양 결핍을 막기 위하여 산야초나 매실 엑기스 같은 발효 주스를 함께 먹어 주어야 한다.

　물은 우리 몸의 70% 이상을 차지하는 매우 중요한 물질로, 좋은 물을 충분하게 마시면 건강 문제의 70% 이상이 해결된다. 나를 찾아오는 건강에 문제가 있는 사람들의 공통점 중 하나는 물을 거의 먹지 않는다는 것이었다.

　물은 우리 몸속의 대사작용에 사용되지 않는 곳이 하나도 없기에, 우리 몸속에 물이 부족하다는 것은 여름 논밭에 비가 오지 않아 농작물이 말라 죽고 논바닥이 쩍쩍 갈라져 제 기능을 전혀 하지 못하는 것과 같다. 또한 물은 몇 년 동안 청소를 하지 않은 폐가에 가득히 쌓인 쓰레기와 먼지, 온갖 벌레와 세균들을 물로 깨끗이 청소하듯이 우리 몸에 쌓인 쓰레기와 노폐물을 씻어내는 매우 중요한 역할을 한다. 살고 싶으면 좋은 물을 충분히 마셔라!

④ 본 금식 시 주의사항

모든 치유의 출발점인 금식 중에는 관장을 해야 한다.

금식 중에는 외부에서 음식 공급이 되지 않으므로 장의 연동운동이 중지되어 노폐물과 오물이 배설되지 않고 장내에 그대로 남아 있어 장을 비롯한 몸 전체가 독소로 가득 차게 된다. 장과 피부를 비롯한 몸 전체에 퍼진 이 독소와 노폐물은 온갖 질병을 일으키고 악영향을 끼치게 되므로, 금식 중에는 여러 가지 방법으로 장 청소를 위한 관장을 해야 한다.

장 청소를 하는 방법은 커피 관장을 하거나 소금물을 마시거나 유산균을 섭취하는 등 다양한 방법이 있으니 본인에게 가장 편한 방법을 선택하여 꼭 실시하여야 한다.

알고 하는지, 모르고 하는지 모르겠지만, 병원 의사들도 검사를 위한 것이 아니라도 진짜 중환자들은 금식을 시킨다.

6. 소금
- 명약과 극약(막 9:50)

　병원의 의사, 심지어 국가에서도 사람들의 식생활과 관련하여 한결같이 강조하는 것이 있다. 그것은 바로 음식을 짜게 먹지 말라는 것이다. 음식을 짜게 먹는 것은 고혈압, 당뇨, 심장병 등 만병의 근원이 된다는 것이다. 심지어 소금을 많이 먹으면 오래 못 살고 병들어 죽는다고 계속해서 세뇌하고 있다.

　의사 선생님들 말대로라면 염분 섭취량이 가장 적은 에스키모인들(1일 5g 미만, 추워서 소금을 만들 수 없음)이 세상에서 가장 오래 살아야 하는데, 그들의 평균수명은 40세도 안 된다. 반대로 세상에서 염분 섭취량이 가장 많은 독일(1일 25g)이나 일본인의 평균수명이 80세가 넘는 것을 보면, 우리가 얼마나 무지한지, 얼마나 세뇌를 당하고 있는지 알 수 있다.

　소금이 본래의 맛을 잃고 변질된 소금이 정제염이며, 이는 화학적으로 인간이 만든 소금이다. 따라서 정제염이나 꽃소금, 맛소금 등 화학 공장에서 만들어 낸 소금은 고혈압, 당뇨 등의 증상을 일으킬 수 있다. 또한 정제염을 비롯한 화학적 가공 염이 우리 몸에 치명적인 문제들을 일으킬 수 있는 것도 사실이다.

하지만 900도 이상의 고온에서 구운 소금이나 간수를 뺀 천일염으로 만든 장아찌나 젓갈, 김치, 된장 속에 들어 있는 염분(소금)은 명약 중의 명약이다.

예수님께서도 마가복음 9장 50절에서 분명히 "소금은 좋은 것이로되 만일 소금이 그 맛을 잃으면 무엇으로 이를 짜게 하리요"라고 했으며, 마태복음 5장 13절에서는 "너희는 세상의 소금이니 소금이 만일 그 맛을 잃으면 무엇으로 짜게 하리요 후에는 아무 쓸데없어 다만 밖에 버리워 사람에게 밟힐 뿐이니라"라고 했다.

우리 조상들은 왜 재수 없는 사람이 오면 소금을 뿌리라고 했을까? 그 이유를 알고 나면 조상의 지혜와 슬기에 감탄하지 않을 수 없다.

먼저 옛날에 재수 없는 사람이란 어떤 사람이었을까? 바로 거지나 나병환자들로 요즘으로 말하자면 아주 불결한 노숙자들을 의미한다. 이 사람들이 재수 없는 사람으로 불린 것은 이 사람들의 위생 상태가 매우 나빠 전염병을 옮기는 매개체 역할을 했기 때문이다.

3장 인간 사용설명서에 따른 치유를 위한 구체적 방안

이 사람들이 구걸하러 오면 집 안에 전염병원균이나 세균, 바이러스 등을 옮기기에 소금의 탁월한 방부력과 살균, 살충력을 이용하여 소독이나 방역의 효과를 얻고자 소금을 뿌린 것이다.

이렇듯 우리 조상들은 소금의 효능을 너무나 잘 알고 있었고, 옛날 로마에서 공무원들의 월급을 소금으로 주었다는 것에서 유래하여, 지금도 월급 받는 사람을 샐러리맨(소금을 뜻하는 'salt'에서 유래)이라 부를 정도이다. 동양에서나, 서양에서나 어디든 옛날부터 소금의 중요성을 알고 있었던 것이다.

소금의 역할이나 효능은 우리가 아는 것보다 월등하고 대단한데도 사람들은 소금을 장기판의 졸로 보는 경향이 너무나 강하다. 그렇게 인식하는 데 크게 기여한 분들이 아이러니하게도 의사 선생님들이라는 사실에 놀라지 않을 수 없다.

소금의 효능이나 작용을 많이 알려서 국민의 건강을 지켜야 하는 분들이 오히려 먹으면 큰일 나는 것으로 집중 홍보를 하고 있으니 그 이유를 알다가도 모르겠다. 과학적, 의학적 이론으로 굳이 증명하지 않더라도, 옛날 우리 조상은, 아니 지혜로운 사람은, 아니 일반 평범한 시민이라도 생선이나 고기를 소금에 절여 놓으면 썩지 않는다는 것을 모르는 사람은 없을 것이다.

방이나 주방 바닥에 소금 한 숟가락과 설탕 한 숟가락을 뿌려놓으면 하루나 이틀 후에 어떤 일이 일어나는지 잘 알 것이다. 설탕이 있는 곳에는 어디서 왔는지 개미를 비롯한 온갖 벌레들이 모여든다(당뇨병 원리). 반면에 소금을 둔 곳은 어떤가? 원래 있던 개미와 벌레도 다 도망간다. 오죽하면 잡귀까지 물러가겠는가. 귀신도 무서워하는 것이 소금이다.

난치·불치·희귀병을 비롯한 현대인의 질병 90% 이상이 염분 부족으로 발생한다. 다시 말하면 소금의 방부, 소독, 살균, 살충작용만 잘 활용하고 섭취하면, 병원과 약국은 교통사고나 살이 찢어지고 뼈가 부러지는 일 외에는 갈 일이 없을 것이다.

소금이 좋다고 해서 아무 소금이나 마구 먹으라는 것은 절대 아니다. 소금에는 의사들이 얘기하는 독 성분인 다이옥신이나 황산마그네슘, 비소가 들어 있는 것이 사실이다.

옛날에는 두부를 만들 때 소금에서 빠져나온 간수로 두부를 응고시켰다. 소금의 성분 중에는 이렇게 단백질을 응고시키는 작용이 있다. 이 때문에 대부분 단백질로 이루어진 혈관이 이러한 소금의 작용으로 수축하여 고혈압이나 심장에 큰 지장을 준다는 것이 소금 유해론의 일반 상식이다. 하지만 천일염을 바로 먹지 않고 소금의 융점인 830도 이상의 고열에서 구우면 이러한 독 성분은 제거된다.

이 상태에서 섭취하면, 독 성분은 없고 소금이 지닌 미네랄을 비롯한 우리 몸속에 필요한 미량원소들을 공급받는 것은 물론 소금 특유의 살충, 살균, 방부, 소독의 효과까지 얻어 건강하고 활기찬 생활을 할 수 있다.

🍁 염분 부족으로 나타나는 증상

염분이 부족하면 인체의 면역력이 떨어져 우리 몸의 모든 부분에서 이상이 생긴다. 또한 염분이 부족하면 온몸에 염증이 생기고, 자연 치유가 되지 않으며, 상처가 아물지 않는다.

이는 우리 몸을 썩지 않게 하는 방부력을 상실하기 때문이다. 그뿐 아니라 염분이 부족하면 과일이나 채소류의 소화 작용이 일어나지 않아 철분을 비롯한 영양 결핍으로 빈혈과 함께 건강에 치명적인 손상을 입는다. 배추나 야채를 절일 때 소금을 넣지 않으면 절여지지 않고 그대로 썩어 버리는 것과 같다.

염분 부족으로 나타나는 공통점은 비만 증상이다. 비만인 사람들의 식습관을 조사해 보면 한결같이 싱겁게 먹는다는 것을 알 수 있다. 또한 싱겁게 먹는 사람은 활력이 없고, 눈에 힘이 없으며, 목소리가 모깃소리처럼 작다. 한마디로 맥이 하나도 없고, 의욕도 기력도 활력도 없어 항상 피곤하고 무기력한 것을 볼 수 있다.

이와 같은 증상이 본인에게 있다면 짜게 먹는지, 싱겁게 먹는지 자신의 식생활을 한번 점검해 보라! 다시 한번 강조하는데 건강하게 살고 싶으면 짜게 먹으라!

병들고 기력도 활력도 없이 비실비실하며 살다가 죽고 싶으면 의사들이 시키는 대로 싱겁게, 아주 싱겁게 먹으라! 그러면 싱거운 사람이 되어 싱겁게 살다 싱겁게 인생을 마감할 것이다.

7. 빛(열)
- 치료의 광선

"내 이름을 경외하는 너희에게는 의로운 해가 떠올라서 치료하는 광선을 발하리니 너희가 나가서 외양간에서 나온 송아지같이 뛰리라" (말라기 4:2).

빛은 성경에서도 증언하고 있듯이 질병 치유에 탁월한 효력을 발휘한다. 병원에서 암세포를 죽이는 데 사용하는 방사선 치료도 따지고 보면 빛을 활용하는 것이고, 레이저 또한 빛을 모아서 치료용으로 사용하는 것이다. 빛에는 아직 인간의 지식이나 과학으로 밝혀내지 못한 수많은 효능이 있다.

노인들이 어깨, 팔다리가 쑤시고 아프면 '비가 오려나' 하며 날씨를 예상하는 것과 해 질 녘에 통증이 심해지는 것, 지하에서 활동하거나 밤에 일하는 사람들이 잔병치레를 많이 하는 것, 이 모두가 이

빛과 매우 관련이 깊다.

우리 몸은 세균이나 바이러스를 퇴치하고 죽이는 데 열을 사용한다. 감기를 비롯하여 몸에 이상이 생겼을 때 열이 나는 이유가 바로 체온을 올려서 질병을 퇴치하려는 것이다. 암세포를 비롯해 우리 몸에 질병을 일으키는 대부분의 세균, 바이러스는 열을 싫어하고 열에 약하다.

우리 몸에 빛이 들어오면 어둠은 순식간에 물러간다. 우리 몸과 마음을 어둡게 하는 병이 우울증이다. 이 우울증을 쉽게 치유하는 방법이 있다. 햇빛이 찬란한 거리나 공원을 한 달 동안만 매일 산책하고, 기쁜 노래나 찬양을 하면 그 효과는 놀라울 것이다.

빛(열)은 우리 몸의 더러운 것들을 완전히 태워 없애 버린다. 빛은 만물의 시작이고, 만물을 살게 하는 생명의 근본이다. 이 빛이 없으면 세상은 아무것도 존재할 수 없다. 빛(열)과 소금은 인체의 자연치유력을 높여주는 최고의 선물이다.

"그 안에 생명이 있었으니 이 생명은 사람들의 빛이라 빛이 어두움에 비취되 어두움이 깨닫지 못하더라"(요 1:4-5).

어둠의 세력인 각종 질병으로 고통받고 있다면 빛으로 나오라. 빛으로 어둠을 물리치라.

빛(열)을 질병 치유에 가장 많이 활용할 수 있는 곳이 참숯가마이다. 참숯가마는 참나무를 숯가마에 가득 채우고 5~7일 이상 태워 참숯을 만든 다음, 이를 가마에서 꺼내어 1~2일 정도 가마를 식힌 후에 사람이 들어가 참나무를 태울 때 나온 원적외선과 열을 통하여 몸의 면역력 증대와 질병 치유에 활용하는 것이다.

실내 온도가 높게는 300도 이상 초고온(일명 꽃탕)이므로 두꺼운 타월을 두르고 약 10~30초가량 열처리를 해야 한다. 고온에 화상을 입을 수 있으므로 꼭 전문가의 지도를 받아야 한다. 꽃탕은 초고온이라 땀은 나지 않지만, 많은 양의 원적외선과 고열이 몸에 투사되며 면역력 증대와 항암, 살균, 살충을 비롯한 바이러스 제거에 효과가 있다.

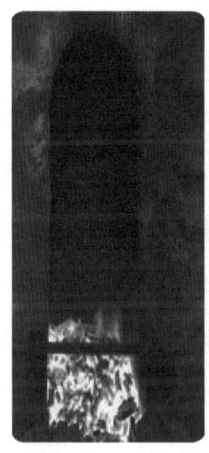

꽃탕을 하루 정도 식히면 고온(약 150~200도)이 된다. 이곳에는 두꺼운 타월을 두르고 약 5~10분 정도 있는 것이 좋다. 고온은 짧은 시간에 체온을 높여주고, 땀을 통한 몸속의 노폐물(독성을 가진 물질) 제거에 탁월한 효과가 있다. 각종 암, 고혈압, 당뇨를 비롯한 불치·난치 환우들이 꾸준히 이용하면 효과를 직접 느낄 수 있다. 초보자는 저온에 적응한 후 고온을 이용해야 한다.

고온탕(방)이 하루 정도 지나면 중온(약 100~150도)이 된다. 이곳은 보통 두께의 타월을 두르고 약 20분 전후로 하여 여러 번 반복해 들어가는 것이 좋다. 건강한 사람이나 병을 앓는 사람 모두 원적외선과 열을 이용하여 체온을 올려 면역력을 높이고 몸속의 노폐물을 제거하는 제독에 탁월한 효과가 있다.

중온방이 하루 정도 지나면 약 50~100도의 저온이 된다. 이곳은 중온 이상 온도에 적응이 어려운 초보자가 장시간 머물러 있기에 좋다. 참숯가마를 이용할 때는 다음과 같은 주의사항을 잘 지켜야 한다.

① 전기를 이용하여 열을 내는 곳은 피해야 한다.
② 참나무를 태우는 곳이어야 한다.
③ 초보자나 당뇨 환자는 화상을 입지 않도록 주의해야 한다.
④ 장시간 무리하지 말고 체력에 맞게 여러 번 반복하는 것이 좋다.
⑤ 환우들은 전문가의 지도를 받고 동행하여야 한다.
⑥ 탈수 현상이 생기지 않도록 물을 많이 마시면서 하는 것이 좋다.

지금까지 환우들과 경험해 본 결과 우리가 아는 이상의 효과를 얻게 하는 것이 참숯방을 이용한 원적외선과 온열 치료이다. 병원에서 의사들이 항암에 이용하는 방사선 치료는 여러 가지 치명적인 부작용을 일으키지만, 참숯방은 부작용 없이 각종 암, 고혈압, 당뇨, 아토피 등 불치·난치·희귀질병 치유에 탁월한 효력을 발휘한다.

땀과 소변, 대변을 통한 중금속 배출 비교표(KTE 자료 참조)

구분	땀	소변	대변
납	84	4.9	3.2
카드뮴	62	9.65	2.2
니켈	32	3.1	140
구리	0.11	0.01	0.1
아연	13	0.34	7.9

철	0.25	0.034	7.4
칼슘	22	180	25
나트륨	0.84	4.6	0.033
효과	탁월	적음	보통

이 표에서 알 수 있듯이 중금속을 비롯한 체내의 노폐물 제거에는 운동이나 원적외선을 이용한 열이 매우 효과적이다.

8. 장 청소

《병 안 걸리고 사는 법》이란 책의 저자로 세계가 인정하는 당대 최고의 명의인 신야 히로미 박사는 "모든 병의 근원은 장에서 발생하는 독소로, 여기서부터 병이 발생한다"라고 말한다.

그는 '장청(臟淸)이 뇌청(腦淸)이고, 장은 제2의 뇌'라고 하였고, 심지어 장 스스로 생각할 줄 안다고 하면서 장 관리의 중요성을 강조한다.

육식과 인스턴트식품, 가공식품이 난무하는 이 시대는 장 청소의 중요성을 아무리 강조해도 지나치지 않다.

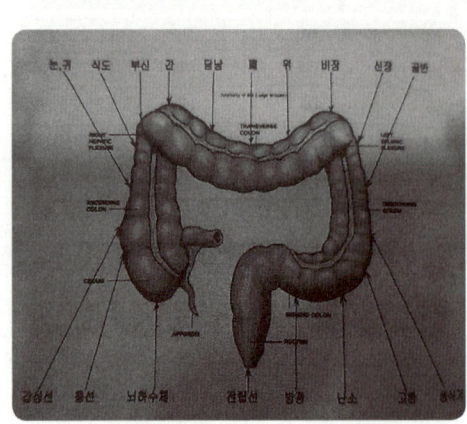

숙변이 대장 내에 괸 장소에 따라 생기는 병

장 청소 방법

장 청소 방법은 앞 장에서 언급하였듯 여러 가지 방법이 있지만, 여기서는 소금물로 관장하는 방법을 살펴보고자 한다.

① 관장하기 30분 전에 먼저 마그밀 4정을 섭취한다.
② 관장할 물을 1.5L 정도 따뜻하게(38도 정도) 준비하고 마그밀 4정과 소금(한 스푼 20g)을 물속에 넣어 녹인다.
③ 오른쪽 방향으로 옆으로 누운 뒤 누운 쪽 다리를 길게 뻗고 왼쪽 다리는 약간 오므리고 입을 벌려 입으로 호흡한다. 관장기 끝부분인 플라스틱 부분에 식용유나 로션 같은 것을 약간 발라 항문에 잘 들어가도록 한다.
④ 약 5분간 1.5L 이상의 물을 천천히 주입한다(관장기 속에 물을 채워 주입하면 잘 들어간다).
⑤ 물 주입이 끝나면 관장기 줄을 당기지 말고 플라스틱 부분을 잡고 뺀(주입구 부분 플라스틱이 항문 속으로 들어가지 않도록) 후에는 자세를 바로 하여 20분 이상 무릎을 약간 세워 좌우로 흔들면서 배를 마사지하듯 주무르며 참는다.
⑥ 물을 주입할 때나 기다리는 동안에 변의가 느껴지면 괄약근에 힘을 주어 물이 새어 나오지 않도록 한다.
⑦ 사용한 관장기는 항상 청결하게 사용하고 일정한 장소에 잘 보관하여 매일 1회 이상 관장을 해주는 것이 장 관리와 건강에 매우 좋다.

매일 관장을 하면 장 기능과 배변 기능이 퇴화되는 부작용을 우려하는 의사나 환자들이 있는데 전혀 그렇지 않다. 신야 히로미 박사와 그 동료들은 하루 2회 이상 관장을 하고 있다고 책에서 밝히고 그것이 건강의 비결이라고 말한다.

주의사항

① 약국이나 병원에서 파는 비눗물 관장은 절대적으로 하지 않는 것이 좋다. 비눗물에는 계면활성제 성분이 들어 있어 장 속의 기름막에 손상을 주어 장이 썩을 수 있기 때문이다.
② 소금물 대신에 거슨 요법이라 하여 커피를 끓여 관장하는 방법이 있는데, 비눗물 관장보다는 훨씬 좋지만, 커피를 수입하는 과정에서 농약을 비롯한 방부제 등 각종 화학첨가제가 들어가 우리나라 사람에게 권장하고 싶은 방법은 아니다.

관장만 매일 해주어도 복부 비만이 해결되고 각종 질병 때문에 건강보험 카드 쓸 일이 없어질 것이다.

9. 된장 찜질

된장 찜질 방법

준비물: 된장, 천, 핫팩 복대, 휴지
① 된장을 깨끗한 천 자루에 1kg 정도 넣어 약 1cm 높이로 배 넓이만큼 펴 바른다.
② 그 위에 비닐을 덮는다.
③ 핫팩을 비닐 위에 올려 중간 위치에 맞추고 열을 조절한다.
④ 핫팩을 복대를 사용하여 움직이지 않도록 고정하고 4시간 숙면을 한다.

주의사항

① 핫팩 온도가 너무 뜨거워 화상을 입지 않도록 온도를 조절하고

핫팩이 피부에 닿지 않도록 한다.
② 체지방이 분해되어 흘러내리지 않도록 휴지로 잘 마무리하는 것이 좋다.
③ 된장 찜질 후에는 반드시 관장을 하여 장 속의 숙변이나 노폐물을 밖으로 빼냄으로 체내에 다시 흡수되지 않도록 한다.

된장 찜질의 효과

된장 찜질의 효과는 과학적으로 입증하고 설명하기에는 어려움이 있지만, 실제로 해보면 놀라운 결과를 체험하게 된다.

① 관장으로 빠져나오지 않은 숙변과 이물질이 빠져나온다.
② 온열 효과로 복부의 냉기가 사라진다.
③ 된장과 온열 삼투압 현상으로 체지방과 노폐물이 분해되어 빠져나온다.
④ 숙면과 휴식을 통하여 인체 면역력이 증대된다.

10. 냉온욕

목욕은 건강관리에 탁월한 효과가 있다. 그래서 각종 스파와 목욕법이 건강관리 프로그램에 꼭 들어 있으며, 목욕요법을 빼고서는 건강관리를 한다고 할 수 없다. 이처럼 목욕은 건강관리에서 매우 중요하다. 그러면 어떤 목욕법이 건강에 가장 좋을까? 당연히 냉온욕법이 건강관리의 최고 방법이다.

냉온욕의 자연치유 원리

피부는 체온을 조절하고 산소를 공급하는 매우 중요한 기관이다. 우리의 체온은 36.5도보다 떨어져도 안 되고 올라가도 안 되기에 항상 이 온도를 유지하려고 하는 항상성을 갖고 있다. 36.5도인 인체가 14도의 찬물에 들어가면 모공을 닫아 체온을 빼앗기지 않도록 하면서 혈액을 빠르게 순환시켜 체온을 올리려고 최고의 노력을 한다.

반면 인체가 43도의 뜨거운 물에 들어가면 모공을 최대한 열어 체온을 내리려고 온갖 방법을 동원한다.

냉온욕은 이 원리를 활용하여 냉탕과 온탕을 반복하여 드나들며 몸의 면역력을 높이고, 몸에 불필요한 요산을 비롯한 신장과 인체 속의 독소와 이물질을 배출하게 하는, 인체의 자연치유력을 높여주는 최고의 방법이다.

냉온욕의 효과

① 냉온욕의 효과는 대단한데 먼저 인체의 면역력을 탁월하게 높여준다. 강철을 만들 때는 뜨거운 물과 찬물에 번갈아 넣고 빼기를 반복하여 조직의 밀도를 높여 강도를 높이는데, 이를 담금질이라 한다. 현대인은 보일러와 샤워 시설의 발달로 한여름에도 찬물에 들어가는 것을 싫어하여 날씨가 조금만 추워도 면역력이 떨어져 감기를 비롯한 각종 질병으로 고통받는다. 하지만 냉온욕을 하면 인체의 면역력을 높여 피로 회복과 감기, 천식, 편두통, 신경통, 류머티즘 등의 질병에 매우 효과가 크다. 군인들이 한겨울에 혹한기 훈련이라 하여 알몸으로 얼음물에 들어가고 찬물로 샤워하는데, 그렇게 하면 얼어 죽을 것 같지만, 오히려 우리 몸은 더욱 강해진다.

② 냉온욕은 혈액 순환을 좋게 하고 피부를 튼튼하게 하여 탄력 있고 윤기 나는 피부로 만들어준다.

③ 냉온욕은 다이어트에 탁월한 효과를 보인다. 냉온욕 한 번으로 평균 1kg의 체중이 빠지는데, 수분이 빠지는 것이 아니라 몸속의 요산을 비롯한 독소와 노폐물이 빠져나가 다이어트뿐

아니라 건강을 위해서도 매우 좋은 방법이다.
④ 한 번의 냉온욕으로도 피부의 수축과 이완을 통하여 소변을 열 번 이상 보게 되는데, 이때 신장 속의 요산과 피부 속의 노폐물이 소변으로 배출되는 놀라운 체험을 하게 된다. 특히 암환자들은 엄청난 통증으로 고통받는데 냉온욕을 하면 통증이 사라지고 치유에도 매우 좋은 효과를 보게 된다.
⑤ 그 외에 숙취 해소에 탁월한 효과가 있으며, 정신이 맑아지고 편두통이 사라져 강한 정신력으로 질병을 이길 수 있게 해준다.

냉온욕 방법

냉온욕의 냉수 온도는 14~18도, 온수는 41~43도 정도가 적당하다. 먼저 미지근한 물로 간단히 샤워를 한 후 찬물에서 25분 동안 있으면 된다. 처음 20분 동안은 움직이지 않고 정좌하여 좋은 생각과 건강을 위한 기도를 하거나 옆 사람과 대화를 하면서 즐겁게 시간을 보내고, 나머지 5분은 아픈 곳과 피부를 문지르면서 마사지를 해주는 것이 좋다.

그다음 따뜻한 물에서 5분 동안 있다가 찬물, 더운물에 들어가기를 각각 1분 씩 7회를 반복한다. 1분씩 반복하는 이유는 찬물에 들어가 모공이 닫히는 시간이 59초, 뜨거운 물에서 모공이 열리는 시간이 59초이기 때문이다. 처음에 찬물에 바로 들어가기 어려운 분은 따뜻한 물에 잠깐 몸을 데워서 들어가도 된다. 처음 들어갈 때는 차가움에 대한 조금의 두려움이 있지만, 한 번 하고 나면 냉온욕의 매력에 푹 빠져 금세 냉온욕 마니아가 될 것이다.

🍃 주의사항

① 당분과 알코올이 과잉 축적된 사람은 처음 냉탕에 들어가 있는 25분 동안 유난히 추위를 많이 느낄 수 있다. 이는 알코올과 당분이 빠져나가면서 나타나는 현상이므로 끝까지 참고 견뎌야 한다.

② 온욕을 하면 적혈구가 줄어들고 백혈구가 늘어나는 현상이 나타나므로 뜨거운 물에 오래 있으면 어지럼 증세를 겪는 사람이 있는데, 이런 사람은 뜨거운 물에 너무 오랫동안 머물지 않는 것이 좋다.

③ 냉욕을 할 때는 온탕의 반대 현상이 나타나 적혈구는 늘어나고 백혈구는 줄어든다. 이 현상으로 위가 나쁜 사람은 어지럼증이 나타날 수 있으므로 넘어지지 않도록 조심한다.

④ 냉온욕 후에는 충분한 휴식을 취하면서 냉온욕을 하면서 빠져나간 인체의 요산을 비롯한 독 성분 외에 염분, 수분, 비타민,

미네랄 등을 반드시 공급해 주는 것이 좋다.
⑤ 생리 중이거나 대중탕까지 움직이기 어려운 환자는 집에서 간단하게 샤워기로 대체할 수 있으나 효과는 많이 떨어진다. 하지만 하지 않는 것보다는 낫다.

냉온욕 효과 사례

김수태(가명)라는 36세의 젊은 청년이 치유 프로그램에 참여하여 나와 함께 연신내에 있는 찜질방 사우나에서 냉온욕을 하였다.

냉온욕 중에 요산을 비롯한 독소가 냉·온탕을 오갈 때마다 소변으로 엄청난 양이 나오는 것을 체험하고, 7회 반복이 끝났는데도 계속하겠다고 했다. 말리지 않고 하게 했더니 10회를 반복하며 무려 20번이 넘게 소변을 보았다. 그는 어떻게 이런 일이 있을 수 있느냐며 입을 다물지 못했다. 사실 그는 10여 년 동안 방광염으로 인한 오줌소태로 정상적인 사회생활이 어려웠는데, 냉온욕으로 이 문제가 쉽게 해결되자 냉온욕 효과에 감탄하고 그 질병에서 해방되어 기쁨을 감추지 못했다.

11. 간(肝) 청소

　간을 청소한다는 것이 아주 생소하게 들리는 사람이 많을 것이다. 도대체 간을 어떻게 청소한다는 말인가 하며 궁금해하는 사람이 있으리라 생각한다.
　필자도 처음 간 청소라는 말을 들었을 때 같은 느낌이었다. 이 방법은 캐나다 의학자인 훌다 클락이라는 박사에 의하여 알려진 것이다.
　그는 똑같은 인간인데 항상 활력이 넘치고 지치지 않고 건강하게 사는 인디언의 비결이 무엇인지 궁금했다. 이 의문을 풀기 위해 훌다 클락은 인디언 부족이 사는 곳에 직접 들어가 그들과 함께 생활하면서 인디언의 삶의 지혜에서 비롯된 건강관리 비법인 간 청소법을 알게 되었다. 이 간 청소법은 내가 경험한 바로는 정말 놀라운 건강관리법이다.

간 청소의 효과

① 수술하지 않고, 칼을 대지 않고도 간과 담낭과 담관 속에 들어 있는 담석을 빼내 간 기능과 쓸개의 기능을 탁월하게 향상시키며, 이에 따라 만성 피로가 사라져 활력이 넘치는 컨디션을 바로 체험할 수 있다.
② 간 기능과 소화 기능의 개선으로 체지방이 잘 분해되어 체지방이 사라지고 체형이 살아나 아름다운 몸매가 만들어진다.
③ 간 속에 쌓여 있는 콜레스테롤을 비롯한 각종 노폐물이 빠져나오는 것을 직접 눈으로 확인할 수 있다.
④ 간염, 간경화 등 각종 간질환과 간 기능 회복에 큰 효과를 볼 수 있다.
⑤ 간 기능의 활성화로 정력과 체력 증진의 효과를 바로 체험할 수 있다.
⑥ 알코올 중독과 약물 중독에서 해방될 수 있다.

간 청소 방법

① 올리브유 100cc, 매실 효소 80cc, 물 20cc를 머그컵에 준비한다.
② 밤 10시쯤 이를 마시고 반듯하게 누워 한 시간 이상 움직이지 않는다.
③ 한 시간 후에 마그밀 4정과 함께 물을 충분히 마신 후 잔다.
④ 다음날 아침 6시쯤 똑같은 방법으로 한 번 더 한다.
⑤ 그날부터 2~3일 동안 계속 빨간색, 노란색, 진녹색, 흰색, 검은색 등 형형색색의 이물질과 노폐물이 지독한 약 냄새와 함께

엄청난 양이 쏟아져 나올 것이다.

✌ 주의사항

① 간 청소 방법은 환자의 건강이나 질병 상태에 따라 명현 반응 등 여러 증상이 나타날 수 있으므로 꼭 전문가의 지도와 상담을 받아 신중하게 하여야 한다.
② 간 청소 제제를 먹고 나서는 45도 각도로 누워 있어야 한다.
③ 간 기능에 문제가 있는 사람은 한 달에 한 번 정도 6개월 동안 해주고, 6개월 후에는 3개월에 한 번 정도 하는 것이 좋다.

12. 삼림욕, 휴식

우리나라에는 축령산 자연휴양림, 지리산 자연휴양림, 설악산·태백산·유명산 휴양림, 서귀포 휴양림, 남해 편백 휴양림, 함양 용추 계곡, 죽녹원, 광릉수목원, 제주 성산 일출봉에서 가
까운 스파 펜션 등 국립공원과 국립수목원의 휴양림 및 아침고요 수목원을 비롯한 사설 수목원과 휴식처가 얼마나 많은지 이루 헤아릴 수 없을 정도이다(2011년 4월 KBS 9시 뉴스 보도에 따르면 국가 차원에서 전국 각처에 치유를 위한 삼림욕장을 만들고 있다고 한다. 국가에서도 자연치유가 필요하다는 것을 인식하기 시작한 것이다).

휴식만큼 치유에 좋은 것도 없다. 우리나라 국민은 세계에서 가장 많이 일하는, 자타가 인정하는 일개미들이다. 기계도, 사람도 휴식이 꼭 필요하건만 우리는 병이 나서 드러누워야만 병원에서 돈 내고 쉰다.

하나님께서도 6일간 천지 만물을 창조하신 후에 쉬셨다. 하나님께서 피곤해서 휴식한 것이 아니라 우리 인간들을 위하여 본을 보여 주신 것이다. 인간이 6일간 일하고, 주일날은 하나님께 예배하고 찬양하고 기도하고 영광 돌리며 안식하고 쉬도록 하신 것이다.

인간의 건강은 심(心-스트레스), 식(喰-영양), 동(動-운동), 습(習-습관), 휴(休-휴식)에 의하여 이루어지고, 질병 치유도 이를 통하여 이루어진다. 질병으로 고통받는 환자의 공통점 중 하나가 쉬지 않는다는 것이다. 휴식을 한다 하여도 제대로 된 휴식을 취하는 것이 아니라 남편 걱정, 자식 걱정, 회사 걱정, 돈 걱정 등 염려와 근심, 걱정, 불안, 초조, 전전긍긍 등으로 바늘방석에 앉은 것처럼 편히 있을 수가 없다.

그러나 쉴 때는 제발 완전히 내려놓고 잊어버리라, 떠나버리라. 고생만 하다가 늙고 병들면 누가 좋아하고, 누가 반겨주겠는가? 일을 하지 말라는 이야기가 결코 아니다. 노동도 건강에 얼마나 좋은 것인지 모른다. 단지 노동 후에는 휴식하라는 것이다.

나를 찾아오는 환우 중에는 일주일만 본인의 건강을 위하여 시간을 내라고 하면 대부분 바빠서 그럴 수 없다고 한다. 그러다 병이 깊어지면 이 병원, 저 병원 돌아다니며 온갖 검사만 받고 이 약, 저 약 알지도 못하고 낫지도 않는 약만 먹다가 약 올라서(?) 영원히 푹 쉬는 사람들을 너무 많이 보았다.

본인의 건강은 본인이 챙겨야 한다. 아무도 대신 아파 주지도, 낫게 해주지도 않는다. 건강할 때 건강을 지키며 휴식과 여유를 갖고 즐겁고 멋있고 행복한 시간을 많이 만들어야 한다. 배부른 소리 한다고 할지 몰라도 아웅다웅 죽기 살기로 살면 남는 것은 신경통, 관절통에 깊은 주름과 한숨과 후회뿐이다. 약만 먹다가 약 올라(?) 죽지 말고 뜨거운 맛(?) 보기 전에 떠나자!

13. 영양
-결핍과 과잉의 충격

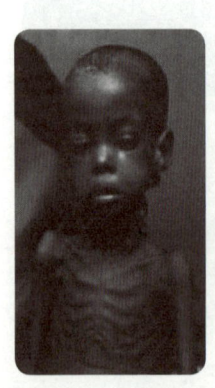 

　영양은 우리의 질병 및 건강과 가장 밀접한 관계가 있다. 넘치면 몸에 축적되고 독이 되어 이상이 생기고, 부족하면 치명적인 질병이 발생한다.
　비타민C 한 가지만 부족해도 괴혈병이 발생하며, 실제 이로 인해 17세기 전후로 수천만 명이 죽었다. 비타민D 부족은 구루병으로, 칼륨(비타민K) 부족은 혈류증으로 연결되고, 비타민A 부족은 야맹증을 가져오고 성장발육을 저해한다.

식량 부족에 시달리는 북한이나 아프리카 어린이들이 죽는 것은 병 때문이 아니라, 영양의 심각한 부족 곧 영양실조, 영양결핍 때문이다. 그런데도 의사들은 이것을 병으로만 해석한다.

비만이나 고혈압, 당뇨를 비롯한 각종 질병은 영양 부족이 아니라 반대로 영양 과잉으로 오는 문제들이다. 지방, 단백질, 탄수화물이 몸속에 쌓여 각종 질환을 일으키는 것이다.

그래서 영양이 결핍되는 것도, 넘치는 것도 건강에 치명적이며 각종 질병을 유발할 수 있으므로 철저한 관리와 세심한 주의가 필요한데도 별로 관심이 없는 것이 현실이다.

의과대학에서는 이를 아예 교과과목에 포함시키지도 않고, 배우지도 않는다고 하니 무척 황당하다. 이렇게 중요한 영양을 식품영양학과와 조리사 필기시험을 위한 공부로 그쳐서는 안 되며, 국가나 대기업에서 많은 투자와 연구를 해야 한다.

영양 과잉으로 발생하는 질병은 현대인 질병의 90% 이상으로 비만, 고혈압, 당뇨, 각종 암, 아토피, 변비, 백혈병, 파킨슨, 루게릭, 각종 증후군으로 불리는 불치·난치·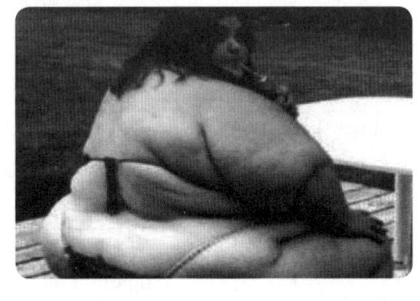
희귀 질환 등 대부분 병원 의사들이 해결할 수 없는 질병(자가 면역 질환, 저·과 면역질환)이다.

영양결핍으로 발생하는 질병, 즉 미량원소 부족과 영양실조로 발생하는 병은 괴혈병, 구루병, 각기병, 변비, 비만, 백혈병, 크론병, 루프스, 각종 증후군으로 불리는 불치·난치·희귀 질병들이다.

영양의 결핍이나 과잉으로 발생하는 질병의 형태

- 자가 면역질환(세포 교통 오류) – 류머티스 관절염, 골관절염, 천식, 루프스, 피부근염, 습진 등
- 면역질환 – 알레르기, 비염, 천식, 두드러기, 습진 등
- 저 면역질환 – 각종 암, 세균 감염(기관지염, 소화성 궤양, 요도염), 바이러스 감염(감기, 헤페스, B형간염, AIDS) 등

인체 건강을 위해 필수적인 영양소

세계 영양학자들에 의해 정해진 영양소					새롭게 밝혀져 꼭 섭취해야 하는 영양소
아미노산	지방산	비타민	미네랄	단순당	글리코영양소
히스티틴	올레인산	비타민A	칼슘	포도당	만노오스
메티오닌	리놀렌산	티아민	인		자일로스
발린	에이코펜타에노인산	리보플라빈	마그네슘		푸코오스
루신	도코사헥사노인산		철		N-아세틸 뉴라민산
이소루신		비오틴	아연		N-아세틸 글루코사민
리신		판토텐산	요오드		N-아세틸 갈락토사민
트레오닌		비타민B6	셀레늄		갈락토오즈
페닐알라닌		엽산	구리		글루코즈
트립토판		비타민B12	망간		
		콜린	불소		

		비타민C	크롬		
		비타민D	몰리브덴		
		비타민E	붕소		
		비타민K	니켈		
		PQQ	바나듐		
물, 공기					

 인간은 매일 60종의 미네랄, 16종의 비타민, 12종의 아미노산, 3종의 필수지방산 등 90여 종 이상의 영양소가 반드시 필요하다. 이는 식사를 통하여 모두 공급되어야 한다. 이 중 한 가지만 결핍되어도 10가지 질병에 걸릴 수 있다(《죽은 의사는 거짓말을 하지 않는다》, 닥터 월렉).

14. 물
- 치유의 기본

　물은 생명의 시작이며 치유의 핵심이다. 우리 몸의 70% 이상이 물이라는 사실은 누구나 알고 있다. 보통 사람은 몸속에 4.5L의 물을 지니고 있다. 1.5L 이상은 음료수로 마셔서 공급받고, 1L는 음식물을 통하여 공급받으며, 0.25L는 마른 식품을 통해서 만들어진다.
　우리는 몸속의 물이 1~2%만 부족해도 심한 갈증을 느끼게 되고, 5%정도가 부족하면 생명을 잃기도 한다. 혈액의 90%가 물이고, 뇌의 80%, 살의 75%, 뼈의 25%가 물이다. 신체 내의 체온을 조절하고 혈액 순환을 통해 영양분과 배설물을 운반하는 것도 물이다.

　모든 생명은 물로 생명을 유지한다. 메말라 죽어가던 들풀도 비 오고 나면 움이 돋고 생명이 솟아나듯, 물이 곧 생명의 시작이기 때문에 우리의 몸에도 좋은 물을 충분하게 공급해 주는 것이 건강을 위하여 매우 중요한 것이다. 그래서 좋은 물을 많이 마시는 것은 건

 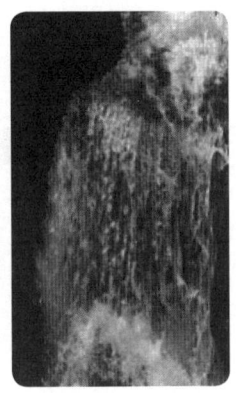

강과 치유를 위한 필수조건이다.

　이 책에서는 어떤 물이 좋은 물이라고 얘기하지 않겠지만, 스스로 물에 대하여 관심을 두고 공부해서 최고의 물을 하루 2L 이상 많이 섭취하는 것이 좋다. 물은 우리 몸의 70% 이상을 차지하는 매우 중요한 물질이기에, 좋은 물을 충분하게 마시면 건강 문제의 70% 이상을 해결하게 된다.

　나를 찾아오는 건강에 문제가 있는 사람들의 놀라운 공통점 중 하나는 물을 거의 먹지 않는다는 것이었다. 물은 몸속 대사 작용에 사용되지 않는 곳이 하나도 없기에 몸속에 물이 부족하다는 것은 여름 논밭에 비가 오지 않아 농작물이 말라 죽고, 논바닥이 쩍쩍 갈라져 제 기능을 전혀 하지 못하는 것과 같다.

　또한 물은 몸에 쌓인 쓰레기와 노폐물을 씻어내는 매우 중요한 역할을 한다. 몇 년 동안 청소를 하지 않은 폐가에 가득 쌓인 쓰레기와 먼지, 온갖 벌레와 세균들을 물로 청소하고 나면 깨끗해지듯이, 우리 몸에 수년간 쌓인 노폐물과 독소를 제거하고 정화하는데 물은 필수적인 요소이다. 그러므로 좋은 물을 충분히 마셔라!

15. 비타민과 미네랄

3대 영양소(탄수화물, 지방, 단백질)에 밀려 과거에는 별로 중요하게 생각하지 않던 것이 비타민과 미네랄이다. 현대에 와서 이 두 가지는 그 중요성이 새롭게 부각되면서 미량이라도 없어서는 안 되는 중요한 영양성분이라는 것이 밝혀졌다. 비타민과 미네랄은 서로 떨어져서는 흡수되지도, 그 기능을 하지도 못하는 특성이 있으므로 비타민과 미네랄은 꼭 함께 공급해 주어야 한다.

우리 인체는 다른 영양소가 아무리 넘쳐나도 단 하나의 영양소가 부족하면 가장 적은 영양소의 수준으로밖에 기능을 하지 않는다. 마치 나뭇조각으로 만든 물통에 구멍이 났을 때 물을 그 이상 담을 수 없는 것과 같다. 그러므로 건강한 육체를 위해서는 비타민과 미네랄의 작용과 이 영양분들의 과잉과 결핍으로 나타나는 증상을 알아두고 불균형을 초래하지 않도록 해야 한다.

비타민은 우리 몸에서 없어서는 안 되는 중요한 영양분으로, 우리가 섭취한 음식물을 에너지로 바꾸는 과정에서 촉매 역할을 하는 효소의 보조 효소로 작용해 물질대사를 조절하는, 생명의 불꽃을 일으키는 것과 같은 중요한 역할을 한다.

비타민은 물에 녹는 수용성 비타민 B군과 C군이 있다. 수용성 비타민은 체내에 축적되지 않고 4일 이내에 배설되므로 매일 섭취해야 한다. 기름에 녹는 지용성 비타민은 A, D, E, K가 있으며 체내 지방 조직이나 간에 축적되어 오랜 기간 저장이 가능하다.

비타민C(아스코르빈산)

① 결핍 증세

비타민C가 결핍되면 괴혈병에 걸리는데, 괴혈병은 16~19세기에 바다를 항해하는 선원이나 배를 오랫동안 타는 해군들의 목숨을 앗아간 무시무시한 질병이다. 증세로는 빈혈, 피로감, 우울증, 치아 망실, 뼈 통증과 퇴화, 식욕 부진, 성장부진, 심장마비 등이 있다. 또한 멍이 잘 들거나 잇몸이 잘 붓고 잇몸에 염증이 생기며, 가벼운 외상에도 출혈이 심하다.

② 과잉 섭취한 경우

하루 1g 이상 먹으면 설사, 복통, 결석 등이 생길 수 있다. 수용성이므로 체내에 저장되지 않는 단점이 있어 매일 일정한 양을 섭취해야 한다.

비타민A

동물성 레티놀(Retinol)이라고도 하고, 식물성은 카로티노이드(Carotenoid)라고 한다. 카로티노이드 중 가장 널리 알려진 것이 베타카로틴이며 비타민A 중에서 으뜸이다. 지용성 비타민으로 살구, 브로콜리, 당근, 생선의 간유, 간, 녹색 야채 등에 많이 함유되어 있다. 시각 색소에 없어서는 안 되는 물질로 야맹증과 시력 저하를 치료하며, 눈의 장애를 예방하고 면역계 기능을 돕는다.

① 결핍 증세

눈물을 분비하는 기관의 기능이 저하되어 눈물 분비가 제대로 되지 않아 세균 감염이 쉽게 일어난다. 이런 증세가 더 진행되면 결막염, 안구 건조증에 걸리고, 더 심해지면 실명까지 하게 된다. 또 야맹증에 잘 걸리는데, 야맹증에 걸리면 밝은 곳에서 어두운 곳으로 들어갈 때 어둠에 익숙해지는 시간이 정상인에 비해 오래 걸린다. 피부가 거칠고 건조해지고, 호흡기 장애를 유발하는 세균의 침입에 대한 저항력이 떨어져 호흡기 질환에 잘 걸린다. 식품 소화 능력도 떨어져 설사를 자주 하게 된다.

② 주의사항

과량 복용 시 임산부의 경우 기형아를 낳는 등 치명적인 부작용이 있을 수 있으므로 1일 권장량을 잘 지켜 복용해야 한다.

🌿 비타민D

뼈는 대부분 인산칼슘과 탄산칼슘 등 여러 가지 무기질로 구성되어 있다. 그중에서 대부분이 칼슘으로 이루어져 있는데 칼슘은 비타민D가 있어야 흡수된다. 하나님께서 비타민D는 햇볕만 쬐어도 몸 스스로 만들도록 해주셨다.

① 결핍 증세
비타민D가 결핍되면 아동의 경우 구루병(곱사병)에 걸리게 된다. 구루병 증세는 뼈가 약해져 잘 부러지며 두개골이 커지는 등 여러 가지 기형적인 변화가 발생한다. 성인의 경우, 구루병을 골연화증이라고 하는데 임신, 수유기에 잘 걸리며 구루병과 같이 각종 골격에 기형적인 변화가 발생한다. 또한 골격과 치아의 성장, 발육이 위축되고, 골소실률이 증가하여 골다공증에 잘 걸리게 된다. 따라서 자외선에 어느 정도 노출시켜 비타민D가 자연적으로 생성되도록 하든지, 비타민D 강화 식품을 먹어야 한다. 특히 노인들은 피부의 비타민D 합성력이 떨어지므로 더 각별히 신경 써야 한다.

🌿 비오틴(비타민H)

비오틴은 1936년에 분리되었고, 1943년에 합성되었다. 1935년 실험용 쥐에 생 달걀흰자만 먹였더니 습진, 피부염 등의 증상이 나타났는데 노른자를 먹였더니 그 증상이 사라졌다.
계란 흰자에 있는 아비딘이라는 성분이 비오틴의 소화 흡수를 방해한 것이다. 이 계란 노른자에서 항 난백 장애 인자를 분리하여 낸

것을 비오틴이라고 한다. 땅콩, 난황 등에 함유되어 있으며, 장 내 세균에 의해 합성된다.

비타민의 효능 및 결핍 시 증세와 함유 식품 표

구분	결핍 시 증세	함유 식품	효능 및 작용
비타민 A (레티놀)	야맹증, 안구건조증, 피부건조증, 성장 불량, 청력, 미각, 후각 기능 저하, 위암 발생 용이 등	간류, 당근, 녹황색 채소, 과일, 호박, 장어, 상어, 갈치 등 어류의 간류, 오메가-3, 카탈리스트, 글라이코베어베어즈 등	항암, 노화 방지, 시력 증진, 세균감염에 대한 저항력 강화, 피부와 점막 보호, 야맹증, 약시 예방, 고환과 난소의 기능 강화
비타민 B1 (티아민)	과음이나 도정된 곡류를 주식으로 하거나, 인스턴트식품을 많이 섭취하면 결핍증이 유발된다. 각기병, 식욕부진, 체중 감소, 성욕 부진	현미, 쌀눈, 곡류, 콩, 땅콩, 생선, 버섯, 김, 파이토 버스트, 글라이코 베어즈, 카탈리스트 등	납 중독으로부터 신체 보호, 당분이 에너지 생성을 위한 필수 조효소, 피로회복, 동맥경화 예방
비타민 B2 (리보플라빈)	쉽게 몸이 붓고 빈혈이 생긴다. 입안이 자주 헐고 혓바늘이 돋는 구순염, 설염, 피부염, 각종 염증이 생긴다.	표고버섯, 시금치, 생선 계란, 녹색 채소, 파이토 버스트, 카탈리스트 등	콜레스테롤을 분해하여 성인병을 예방하고 성장을 촉진한다. 노화 방지, 피로회복
비타민 B3 (나이아신)	펠라그라라는 병에 걸리게 되는데 체중 감소, 구토, 설사, 피부 염증이 나타난다.	생선, 견과류, 곡류, 무화과, 바지락, 굴비, 넙치, 도미, 글라이코베어즈, 파이토 버스트 등	우리가 먹은 모든 음식물이 제대로 이용되도록 작용, 특히 말초혈관을 확장시켜서 심장이나 뇌에 영양 공급, 당뇨, 동맥경화, 류머티즘, 비만 해소
비타민 B5	피부염, 식욕부진, 변비, 설사	간류, 견과류, 생선, 잣, 호두	항암, 기억력 향상

비타민 B6 (피리독신)	지루성 피부염, 구내염, 빈혈, 간질 성 혼수 경련, 우울증, 구내염, 구순염, 정신착란 등	생선 콩, 시금치, 감자 바나나, 난류, 현미, 대두, 귀리, 해바라기씨, 그라이 코 베이즈, 파이토 버스트 등	아미노산과 단백질 대사에 관여, 인슐린 합성대사에 관여, 당뇨병과 동맥경화 예방과 치료, 입덧에 효과, 치매, 성인병 예방, 손발 저림에 효과
비타민 B15	저산소증, 세포의 산소 결합력 감소, 심장병, 내분비선 및 신경 조직 장애 등	완전 곡류, 씨앗류, 현미, 땅콩, 호두, 잣, 쌀겨 등	저산소증에 대한 내성 증가, 일산화탄소 (연탄가스) 중독을 예방 및 해독하는 비타민, 지방 대사 조절, 항산화, 심장병, 협심증, 조로 개선 등
비타민 B9 (엽산)	빈혈, 기형, 심한 피부질환, 탈모, 순환상애, 피로, 우울증, 습관성 유산 등 생식기 장애, 난산, 성욕 저하	푸른색 채소, 곡류, 콩, 오렌지, 감자, 시금치, 상추, 버섯, 땅콩, 아스파라거스, 파이토 매트릭스, 글라이코베 워즈, 파이토 버스트 등	비타민 12의 협력자, 대 적혈구 빈혈 예방, 세포증식과 재생, 류머티즘 치료
비타민 B12 (시아노코발라민)	감각이상, 악성빈혈, 기억력 감퇴, 우울증, 치매, 알레르기, 만성피로, 식욕부진, 신경장애	생선, 콩, 견과류, 과일의 비타민 12는 6년 간 인체에 저장 가능, 카탈리스트, 글라이코베 워즈, 글라이코 슬림 등	피를 만드는 데 반드시 필요한 물질, 간장보호, 악성빈혈 예방, 조혈작용, 식욕증진, 체력증강
비타민 C (아스코르빈산)	괴혈병, 잇몸출혈, 체중 감소, 면역력 감소, 상처 치유 지연	귤, 딸기, 오렌지, 토마토, 브로콜리, 푸른색 채소, 감자, 피망, 매나 씨, 카탈리스트, 앰브로토스에이오 등	항암, 노화 방지, 피로 회복, 감기, 헤르페스 등 바이러스 질환의 치료 보조

비타민 D	구루병(어린이), 골연화증(어른) 설사, 신경 질환 등	참치, 고추, 무말랭이, 멸치 다랑어, 계란, 카탈리스트, 파이토버스트, 글라이고 슬림 등	칼슘 흡수 촉진, 뼈 및 치아 생성 촉진, 성장 비타민, 신장질환 예방, 소화, 혈액순환, 심장 기능 촉진 등
비타민 E (토코페롤)	피로감, 빈혈증, 근육 변성 신경 손상, 불임, 성기능장애, 성욕 저하 등	견과류, 콩, 계란, 푸른 잎채소, 굴, 해조류, 앰브로토스에이오, 파이토버스트등	혈류 촉진작용, 성기능 강화, 성정 촉진, 항산화 작용 세포막 산화 지질 생성 억제 호르몬 분비 정상화, 유산과 불임 개선 등
비타민 K (칼륨)	혈류병, 골절	밀눈과 식물성 기름, 푸른색 채소, 굴, 멸치, 그라이코슬림 등	혈액을 응고시키는 역할 골다공증 예방, 정력 강화
비타민 F	습진 여드름, 담석 탈모, 생기 기관 기능장애, 신장장애, 전립선장애, 월경 장애, 발육 불량 등	식물성 기름 특히 콩 기름, 옥수수기름, 들기름, 홍화유, 해바라기씨 기름에 많이 함유되어 있다.	리놀레산은 가장 중요한 지방산으로 아테롬성 경화증의 혈중 콜레스테롤 수치를 내려서 심장병을 예방하는 중요한 비타민이다. 피부 점막, 발육 촉진, 칼슘과 인의 세포 동화작용 등
비타민 B17 (아미그달린)	부족하면 악성 병에 대한 저항력이 감소되는 것으로 알려져 있으나 아직 연구가 더 필요한 성분	살구 씨, 복숭아 씨, 쌀겨 등	암세포만을 선택적으로 죽이는 항암 효과가 있는 것으로 알려져 있으나 아직 FDA에서 정식 승인한 비타민이 아니다.

16. 미네랄의 작용과 결핍 시 나타나는 증세

✓ 칼슘

근육수축, 신경전달 및 골격구조의 기능을 지원한다. 칼슘의 99%는 뼈와 치아 속에, 1%는 혈액이나 체액에 용해된 상태로 우리 몸에 들어 있다.

칼슘은 체내 무기질 중 가장 양이 많은 원소로 체중의 약 2% 정도이다. 섭취한 칼슘이 모두 흡수되는 것은 아니다. 섭취한 음식에 인(P)이 많으면 칼슘의 흡수가 어렵다.

① 결핍 증세

성장기 어린이의 경우 골격, 치아 조직의 구성 및 성장이 위축될 수 있고, 심각한 경우 성장이 정지되거나 구루병, 골연화증을 유발한다. 중년 여성의 경우는 골다공증에 걸리기 쉽다. 골다공증에 걸리면 약한 자극에도 쉽게 다치고 회복이 더디다. 골다공증은 남성에 비해 골밀도가 낮은 여성에게 빨리 오는데 보통 여성은 40대, 남성은 60대에 발병한다.

② 골다공증의 원인
여성호르몬인 에스트로겐의 부족으로 뼈의 형성 양에 비해 소실량이 많아지는 경우, 칼슘 섭취 부족이나 신체활동량의 감소로 뼈의 형성 양에 비해 소실량이 많아지는 경우, 임산부나 수유부로서 칼슘, 비타민D 섭취량이 부족한 경우 등이다.

마그네슘

마그네슘은 인체 내에 20~28g이 존재한다. 약 60%가 뼈에 있으며, 26%는 근육에, 나머지는 연조직과 체액에 있다. 칼슘과 함께 세포 내 액의 중요한 구성 성분이다. 혈액 속의 당을 에너지로 전환하고 신경과 근육의 기능을 증진한다. 또 스트레스와 심리적인 침체를 경감하고, 심장 질환과 칼슘의 축적, 담석, 신장결석의 방지에 효과가 있다.

① 결핍 증세
체내에 존재하는 무기질의 불균형 현상이 발생하고 근육의 수축과 이완 조절의 균형이 깨져 신경이나 근육에 경련이 발생한다.

② 결핍 원인
마그네슘이 많이 함유된 식품을 먹지 않은 경우, 설사나 구토 등에 의해 섭취한 식품을 다량 배출한 경우, 술을 많이 마시는 경우(알

코올은 마그네슘 배출을 증진하는 작용을 한다), 이뇨제를 복용한 경우, 신장병·췌장염·간경화 환자인 경우 등이다.

✿ 칼륨

세포내액의 산·알칼리 평형에 가장 중요한 미네랄이다. 체내 총량은 성인의 경우 150g 정도이다. 근육의 긴장을 완화하고, 다이어트를 멈추거나 고혈압을 낮출 때 일어나는 부작용을 완화한다. 또 단백질, 지방, 탄수화물의 신진대사를 촉진한다.

① 결핍 증세
설사나 수술 등으로 체 단백질의 파괴가 많을 때 결핍 증세가 나타난다. 체액을 산성으로 기울게 하여 효소의 활성을 떨어뜨린다. 부정맥, 저혈당, 무력증 등을 일으킨다.

✿ 철분

헤모글로빈, 미오글로빈, 크랩스사이클(산소 대사)에 효소 역할을 한다. 헤모글로빈 생성에 필수적이며 피로를 방지하고, 조직성장을 촉진하며, 질병에 대한 저항력을 증진한다. 생리하는 여성에게 결핍되기 쉽다.

① 결핍 증세
빈혈이 발생하고 창백한 피부, 기력 감퇴, 식욕 저하, 의욕 상실 등을 수반한다. 안색이 나빠지고 쉽게 피로해지며, 아침에는 몸이

힘들고 저녁에는 발이 붓는다.

② 결핍 원인

철분이 풍부한 식품을 오랫동안 섭취하지 않은 경우, 상해로 인해 출혈이 많은 경우, 생리량이 많은 경우, 임신 후반기의 경우 등이다. 비타민C는 철분의 흡수를 좋게 하지만, 녹차는 그 속의 타닌이 철과 결합하므로 흡수를 방해한다.

③ 가임기 여성의 영양

가임기란 초경이 시작된 후 폐경까지의 시기를 말하는데, 이 시기의 건강 상태는 본인에게도 중요하지만, 임신을 했을 때 태아 건강에도 매우 중요하다. 특히 가임기 여성에게 필요한 영양은 철분이다.

보통 매월 생리를 통해 50ml 내외의 혈액이 손실되는데, 여기서 철분 손실량은 25ml 정도가 된다. 따라서 가임기 여성은 남성보다 2배의 철분을 섭취해야 한다.

요오드

갑상샘 호르몬의 일부를 만들고 갑상샘종(갑상선 비대)을 예방하며 정상적인 성기능의 재생산 및 유지에 꼭 필요하다. 티록신과 함께 에너지 대사를 전반적으로 조절하는 역할을 한다.

① 결핍 증세

갑상샘종, 갑상샘암에 걸릴 수 있다. 갑상샘종에 걸리면 갑상샘이 비대해져 기형적인 외모가 되지만, 기초대사량에 문제가 발생하지는 않는다. 하지만 이런 갑상샘종에 걸린 경우나 체내에 요오드 성분이 극히 부족한 여성이 출산하는 경우, 아기 또한 갑상샘 기능 저하증에 걸릴 확률이 매우 높고 성장부진으로 기형의 몸을 갖게 되며 지능지수도 매우 낮다.

구리

신경계의 기능과 철분 및 산소 대사에 필수적이다. 저장된 철분을 헤모글로빈 생성 장소로 운반하는 역할을 하므로, 구리가 부족하면 적혈구의 합성이 저하되어 빈혈이 발생한다. 미토콘드리아 내 전자 전달계의 마지막 과정에 작용하여 APT 생성 과정에 관여한다.

단독 또는 아연과 함께 SOD에 결합하여 세포의 산화적 손상을 방지한다. 장기간 다량으로 섭취하면 중독되어 복통, 구토, 설사로 시작해 심한 경우 사망에 이를 수도 있으니 과잉 섭취를 하지 않도록 주의해야 한다.

① 결핍 증세
빈혈, 백혈구 및 호중구 감소 등의 증상이 나타날 수 있다.

아연

단백질 합성과 혈액 내 pH를 컨트롤 한다. 지방, 단백질, 탄수화물의 신진대사를 돕고 남자의 성기능 유지에 중요하다. 갑상샘호르몬, 인슐린, 성장호르몬, 성호르몬 등의 적절한 활동에 필요하다.

① 결핍 증세

식욕이 없고 상처의 치료가 더디며 탈모, 설사, 우울증 등이 나타난다. 아연 결핍은 흔치 않으며 임산부나 성장기에 간혹 발생할 수 있다.

🍃 티아민

① 결핍 증세

초기 증세로는 식욕 감퇴, 불면증, 우울증, 혈압 저하 등이 올 수 있다. 심해지면 건망증, 정신 혼란, 공포 증세, 변비가 생긴다. 또한 각기병이 발병하여 하반신 부종, 발의 마비 등으로 보행이 곤란해지고 더욱 증세가 심해지면 심장박동이 불규칙해지고 호흡곤란을 일으켜 사망에 이르게 된다.

② 결핍 원인

술을 많이 마시는 경우(티아민은 당질 대사뿐 아니라 알코올 대사에도 관여한다), 도정한 백미만 먹을 경우

🍃 리보플라빈

① 결핍 증세

입, 혀, 피부 등이 쉽게 감염되어 헐고 염증이 생긴다. 눈이 충혈이 잘되고 흐려진다. 혀가 매우 붉어지고 쓰라리다.

🍃 판토텐산

① 결핍 증세

식욕 부진, 소화불량, 우울증, 팔다리의 경련, 호흡기 감염, 불면증, 발이 화끈거리는 느낌의 증세가 나타난다.

🍃 단백질

① 결핍 증세

흔히 말하는 영양실조에 걸리게 된다. 성장기 어린이의 경우 발육장애가 올 수 있다. 근육이 약해지고 저혈압이 올 수 있으며, 각종 질병에 대한 저항력이 떨어진다. 또한 성욕 감퇴, 무월경 등을 초래한다.

미네랄의 작용 및 결핍 시 나타나는 증세와 함유 식품 표

구분	결핍 시 증세	함유 식품	효능 및 작용
칼슘 (Ca)	골다공증, 구루병, 골절, 충치, 퇴행성 관절염 등	우유, 모유, 두부, 멸치, 골분, 케일, 무잎, 정어리, 굴 껍데기, 브로콜리 등	근육수축, 신경 전달 및 골격 구조의 전달, 효소의 활성화, 신경 흥분 전도, 심장박동 등
마그네슘 (Mg)	신장질환, 갑상샘 기능 항진증, 당뇨병, 신장결석, 수족냉증, 불안·흥분, 청각장애, 부정맥, 심장발작, 협심증 등	견과류, 콩, 녹색 채소, 해조류, 초콜릿, 앰브로토스 등	근육이완, 단백질 합성, 포도당 사용 시 기능 지원, 칼슘 대사 지원, 당질 대사, 지질 대사, 단백질 대사와 핵산의 합성 분해에 관계되는 효소의 활동에 불가결한 미네랄, 항스트레스, 신장결석의 예방과 치료 등

	결핍증	함유식품	기능
칼륨 (K)	효소의 활성을 떨어뜨림, 부정맥, 저혈당, 무력증, 신경장애, 근육마비, 혼수 등	과일, 채소, 육류, 콩, 옥수수, 카탈리스트, 에이오, 플러스 등	정상 체액 유지와 공급, 산-염기 균형 유지, 삼투압 유지, 근육 반응 유지, 나트륨 배설 등
철분 (Fe)	철분이 부족하면 헤모글로빈을 만들 수 없어 적혈구도 작아져 악성빈혈 유발, 만성 피로감 등	대합, 굴, 달걀노른자, 견과류, 해조류, 시금치, 참깨, 콩 등	근육에 단백질 미오글로빈 형성, 산소 대사에 효소 역할
나트륨 (Na)	근육 경련, 체중 증가, 두통, 불면, 허약 등	천일염, 죽염, 간장, 된장, 김치, 젓갈, 장아찌, 앰브로토스, 매나베어즈 등	세포외액과 염증 방지, 정상 체액 유지와 공급, 인체의 정상적인 산-염기 균형 유지, 근육 반응 유지, 삼투압 유지
인 (P)	ATP 합성 저하로 무기력증, 어린이 구루병, 성인의 골연화증, 체중 감소 등	생선, 견과류, 콩, 곡류, 계란 등	에너지의 저장과 방출에 관여, 인지질과 리포단백의 구성 성분, 핵산의 구성 성분, 담즙 형성의 필수 요소
크롬 (Cr)	미량의 미네랄은 건강유지와 개선을 위해 절대적으로 필요	곡류, 양조용 이스트, 땅콩, 생선, 파이토매트릭스, 카탈리스트, 파이토버스트 등	포도당 잔류 허용인자 역할을 함, 신진대사 호르몬인 인슐린을 도움
요오드 (I)	갑상샘 이상, 성기능 이상, 면역력 저하, 만성 피로 등	미역, 다시마, 해조류, 소금, 어패류, 글라이코베어즈, 카탈리스트 등	갑상샘호르몬 조절, 성 기능 재생산
구리 (Cu)	빈혈, 백혈구 및 호중구 감소 등	굴, 어패류, 갑각류, 견과류, 콩류, 감자, 포도, 바나나, 버섯, 파이토버스트, 파이토매트릭스 등	심장혈관질환과 관절 개선, 산화 방지, 항염증 효과

망간 (Mn)	체중 감소, 피부염, 구토, 머리카락 변색, 탈모 등	블루베리, 곡류, 견과류, 마늘, 계란, 카탈리스트, 파이토버스트 등	여러 효소의 생산과 결합조직의 강화, 중추신경 보호, 노이로제와 조울병 및 정신분열 치료 효과, 성적 능력 강화, 당뇨 치료 작용
셀레늄 (Se)	암, 심장질환, 면역기능 저하, 적혈구 기능 저하, 근육통, 심근퇴화, 탈모, 근무력증	해산물, 곡류, 과일, 채소 등 천연으로 섭취해야 함	수은, 카드뮴, 납 등의 중금속을 무독화하여배설, 과산화지질의 생성을 억제하는 항산화 작용
아연 (Zn)	태아 기형, 수면장애, 성기능 저하, 피부염, 탈모, 월경이상 등	굴, 갑각류, 생선, 해조류에 다량 함유, 곡류, 견과류, 파이토매트릭스, 글라이코베어즈	태아 성장에 필수, 정자 형성 촉진, 피부 저항력 강화, 스트레스 방어 작용
안토 시아닌	강력한 항산화 효과, 알츠하이머 예방, 항암, 심장병 예방, 비타민C·E와 함께 더욱 강력한 항산화 효과를 발휘하며, 특히 유방암, 폐암, 위암을 예방하고 병 회복에 효과를 보인다. 혈소판 응집 등에 따른 관상동맥질환에 의한 심장병 예방 효과가 있다.		
라이 코펜	강력한 항산화, 소화기관 부위의 암 발생 억제, 자궁암 억제 효과가 있다. 특히 전립선암 예방 효과에 탁월하다.		
베타 카로틴	비타민A·F·H로 전환되고(간에 저장한 후), 낭창(피부결핵)과 유방염증 등을 예방한다. 녹황색 채소에 많이 들어 있으며, 매우 강력한 항산화 작용을 한다.		

17. 현대의 '만나'
- 글리코 영양소

우리의 몸은 수만 가지의 영양소가 필요하다. 그리고 이 영양소들을 보충해서 우리의 인체 구성요소들을 건강하게 해준다는 건강보조식품이 약국의 약 못지않게 많다. 그런데 건강보조식품 중 과연 어떤 것이 믿을 수 있고, 우리 인체가 요구하는 성분들이 들어 있는 제품일까?

나는 의사도 약사도 아닌 치유사역자로서 의료행위를 할 수 없고, 약을 쓸 수 없으며, 약을 쓸 생각도 아예 하지 않기에, 나에게 탁월하고 우수하며 신뢰할 수 있는 건강 제품을 찾는 일은 너무나 중요하다. 앞장에서 언급했듯이 질병은 영양 상태와 매우 밀접한 관계가 있기에, 한 가지의 영양소만 보충해 주어도 병이 치료되기도 하고, 한 가지의 영양소가 결핍되어도 우리 인체는 치명적인 질병이 발생할 수 있다.

나는 건강 제품에 관하여 이것도 좋고 저것도 좋다는 애매모호한 정보를 나열해서 책 페이지 수만 늘리거나 정보의 혼란을 주고 싶지 않다. 따라서 내가 아는 최고의 정보, 최첨단의 정보 한 가지만 알리고자 한다.

이런 맥락에서 매나테크의 '글리코(당) 영양소'를 만나게 된 것은 하나님의 무한한 축복이었으며, 여기에는 하나님의 깊은 뜻이 담겨 있음을 알게 되었다.

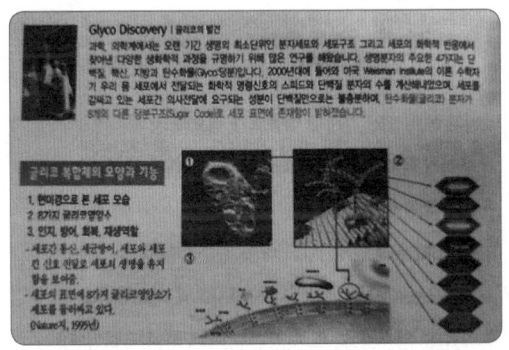

웬만한 의사나 약사 등 전문가들은 대부분 알고 있지만(아직 모르는 분은 시대에 뒤떨어지고 정보에 둔한 공부하지 않는 돌팔이 의사나 약사일 가능성이 매우 높다), 아직 당 영양소가 생소한 일반인들과 환자와 가족을 위하여 간단하게 당 영양소, 글리코 영양소에 대하여 정보를 드리고자 한다.

먼저 '매나테크'라는 글리코 영양소 회사의 이름에 주목해 볼 필요가 있다. 현재 본사는 미국의 텍사스주 댈러스에 있으며, 미국 주식시장에 상장되어 있는 재무구조가 투명하고 건실한 설립한 지 17년(2011년 현재) 된 회사로 건강 제품만을 전문으로 생산 유통한다.

미국 나스닥 상장사로서, 글리코 영양소의 제조와 유통을 국내를 비롯한 전 세계 150여 개국에서 독점할 수 있는 특허권을 가진 대단한 회사이다.

성경 출애굽기를 보면, 이스라엘 민족이 애굽(이집트)을 탈출하여 가나안(이스라엘) 땅에 들어가기까지 광야 사막에서 40년간 매일 먹고 살았던 것이 있는데 바로 '만나'이다. 놀라운 것은 매일(안식일은 제외) 하늘에서 눈처럼 내린 이 만나 한 가지만(가끔 메추라기도) 40년간 먹고 살았지만, 이스라엘 백성 중에 영양실조나 영양 결핍 또는 과잉으로 죽은 사람이 한 명도 없었다는 것이다. 그 만나에는 우리 인체가 요구하는 모든 영양소가 완벽하게 들어 있는 하나님께서 주신 완전한 식품이었다.

글리코가 이스라엘 민족이 먹었던 그 만나라는 것은 절대로 아니다. 하나님께서 주셨던 그 만나는 이스라엘 민족이 가나안 땅에서 첫 수확을 한 이후로는 하늘에서 내려오지 않았다. 다만 이 시대의 식품은 화학 비료와 농약, 성장촉진제 등 상업화로 대량 생산되고, 육식을 비롯하여 화학첨가제와 항생제, 방부제 등으로 오염된 인스턴트 음식과 가공식품이 넘쳐나며, 이미 독이 된 먹을거리로 가득하다. 그런데 이로 인해 온갖 질병으로 시들고 죽어가는 우리 인류를 위해 하나님께서 주신 지혜로 우리 몸에 꼭 있어야 하는 8가지 당 영양소를 발견한 것이다. 이를 제품으로 만들어 광야보다 더 험한 이 시대에 죽어가는 사람들이 약이나 건강보조제가 아닌 100% 천연식품으로 치유가 가능해진 것이다.

이를 볼 때 하나님의 놀라운 계획이 이 제품, 치유를 위한 완벽한 제품, 꿈의 식품인 광야의 만나와 같은 글리코의 탄생을 통해 진행되고 있다는 생각을 떨칠 수가 없다.

혹자는 하나님이나 성경을 들먹여가며 제품 홍보를 한다고 생각하며 불편함을 느끼고 도외시할지 모르겠지만, 그렇게 넘겨버리기엔 너무나 소중한 정보이다. 글리코에 대하여 깊이 파악하면 이것이 얼마나 대단한 것인지 알게 될 것이다.

글리코 영양소는 우리 인체의 최소 단위인 세포를 건강하게 해서 몸 전체를 하나님께서 만드신 본래의 상태로 되돌려, 질병에서 치유되고 해방되게 한다.

우리 몸은 60조 개가 넘는 세포로 구성되어 있다. 과학의 발달로 전자현미경을 통하여 세포 하나하나를 눈으로 볼 수 있게 되어 관찰한 결과, 세포 하나에는 약 10만 개 정도의 털이 덮여 있다는 것을 알게 되었다. 이 연결된 모양을 당사슬(글라이코 폼)이라고 하는데, 이 당사슬은 8가지의 당 영양소로 구성되어 당사슬이 많이 있을수록 건강한 세포이고, 건강에 문제가 있는 사람의 세포에는 당사슬과 당 영양소에 결함이 있다는 것이다.

즉, 이 당 영양소를 회복시켜 주면 세포도 건강해지고 몸도 건강해진다는 것이다. 이는 나의 이야기가 아니라, 1995년도 〈네이처〉지 2월호와 2001년 3월 23일에는 〈사이언스〉지에 42페이지에 걸쳐 발표된 내용이다. 이와 관련해서 2만 건 이상의 논문이 의·과학 잡지에 발표되었고 노벨상도 6회나 수상하는 등 현재는 의사나 약사들의 교과서에 나오는 상식에 가까운 정보가 되었다.

자연계에는 200여 종의 단당류가 존재하는데, 오직 8가지 곧 만노오스(Mannose), 갈락토오스(Galactose), 푸코오스(Fucose), 자일로오스(Ylose), 글루코오스(Glucose), N-아세틸뉴라민산(N-acetylneuraminic acid), N-아세틸갈락토사민[(N-acetylgalactosamine(Ga lNAc)], N-아세틸글루코사민[(N-acetylglucosamine(GluNAc)]만 세포와 세포 간에 의사소통

(영양물질 전달 공급)을 하여 인체의 면역기능 방어, 보호, 회복을 담당한다. 이러한 세포의 필수적인 영양물질이 부족하여 면역기능 부조화와 세포 상호 간 인식 또는 전달 작용 과정이 비정상적일 경우 세포 변형, 기형, 발육 저해, 각종 암 등을 유발하게 된다는 것이다.

글리코 영양소의 주요 기능 (<뉴튼>지, <과학 동아> 자료 참조)

① 세포와 세포 간의 의사소통(Cell to Cell communication)

당질 암호로서 생체는 무수히 복잡한 불수의적 기능들을 수행하는데 암호화가 되어 있거나 개체가 복잡할수록 생존하기 위해 수행

해야 할 기능이 더 많다. 과학자들은 생명의 기본단위인 세포에서 이들 복잡한 기능들을 수행하기 위해 세포들 상호 간에 교통하는 암호, 즉 생명암호를 풀려고 오랫동안 노력해 왔다.

그 결과 이러한 생명의 언어는 생체의 산 세포 내 종자분자 및 화학 반응과 관련되고, 또 의사소통과 인지를 담당하는 분자는 세포막 표면에 돋아나 있는 당질 배합체(당사슬)이며, 이 배합체 내 함수탄소들이 생명암호에 관여한다는 것을 알게 되었다. 그래서 '생명의 당암호'(sugar code of life)라고도 칭한다.

대식세포나 체세포에서 필수당질 영양소들이 결여되면 대식세포가 인지하지 못한 세포가 암세포라도 그냥 방심하게 되고, 또 자기편을 적군으로 착각하여 공격하게 되어 자가 면역질환으로 발전한다.

② 항체유사작용(Antibody like action)

감염이나 면역반응에서 세포 표면 당질 구성물과 미생물의 수용체 혹은 항원과의 상호 작용은 필수적이다. 이 반응이 없으면 발병도 없고, 방어 또한 불가능하다. 당질 영양소가 세포 외 공간에서 세균, 바이러스, 류마티스 요인 등의 특정 부위에 결합하여 항체기능, 항 감염 기능, 면역 조정 기능에 기여하게 된다.

③ 항 감염 기능(Antiinfective action) 및 항 염증반응(Anti-inflammation), 상처 치유 촉진

병원체와 이물질이 체내 침입 시 당질 영양소가 대식세포들을 활성화하고, 따라서 대식세포의 만노오스(Mannose) 수용체가 작동하여 대식 작용을 하며, 또한 신호들에 따라 면역세포들을 동원하게 된다. 그리고 당단백질의 조직 치유나 상처(화상) 치유를 촉진하는

데 중요한 역할을 한다.

즉, 단백질 다당류(proteoglycans)는 상처 치유나 조직 수리 동안 교질섬유를 배치하는 조직 구성자로서 기능하고 용해 성장요소들의 활동을 조정한다. 더욱이 황산 헤파란(heparan sulfate)은 단백질 결합 성질을 결정하고 세포 성장과 유착을 조절하는 데 관여한다.

④ 세포 면역 및 면역계 조정 기능

당질 영양소가 우리의 면역기능에 미치는 영향은 결론적으로 면역기능 조정이다. 즉, 면역 조정체의 역할이다. 면역력이 부족하거나 결핍된 경우에는 면역력을 향상시키고(면역력 강화제, 면역반응이 지나치거나 혼돈된 경우에는 정상으로 복귀하게 한다(면역력 완화제 혹은 면역 정제).

당질 영양소는 자연성 살상세포(Natural killer cell-백혈구) 수와 활동을 현저하게 증가시킨다.

⑤ 암세포의 성장 및 전이의 억제 기능

필수 당질 배합체 당들은 암세포의 성장을 억제하고, 또 암 전이도 억제한다. 암세포 성장의 억제는 부분적으로는 면역계 조정 활동과 관련 있다. 즉, 당질 배합체 당들은 대식세포의 표면에 결합하여 대식세포를 활성화하고, 대식세포가 인터페론이란 면역물질을 분비하게 한다. 그러면 이 물질이 살상세포를 활성화하고, 이 살상세포가 암세포를 제거한다.

또 당질 배합체 등이 암세포의 렉틴과 결합해서 암세포가 숙주의 당질 배합 수용체에 결합하는 것을 경쟁적으로 억제해서 암세포의 정착을 방해함으로써 암 전이가 억제된다. 그러므로 암세포에는 필수 당질 영양소의 공급이 반드시 권장되는 것이다.

⑥ 뇌신경 관계, 대사 관계, 당뇨 관계 기능

뇌신경계에서 당질 영양소가 중요한 것은 이것이 세포막의 구성과 수용체에 관여하기 때문이다. 따라서 수용체들의 구성물질인 당단백질의 필요성은 두말할 것도 없다. 또한 신경전달물질의 운송은 세포 형질막(plasma membranes) 당단백질이 담당한다.

당질 영양소들을 위시한 영양소들의 공급 차질로 파킨슨병, 알츠하이머, 다발성 경화증, 정신분열증, 우울증, 학습장애, 주의력결핍장애, 행동과다장애 등이나 그 어떤 형태의 질병들도 발생할 수 있다.

⑦ 호르몬 조절 기능

성선자극 호르몬, 갑상샘 호르몬 등 호르몬 조절에 절대적으로 작용한다.

⑧ 항산화 작용-산화 스트레스에 대한 보호 작용

노화의 환경적 요인 중 그 주범은 바로 유리 활성산소기로 지목되고 있다. 혈구세포를 위시하여 모든 신체 세포의 대사 과정에서 활성산소기가 생긴다. 우리의 인체에도 유리 활성산소기를 중화하는 효소들과 단백질이 있다. 그러나 역부족이다. 그래서 효과적인 보호책은 항 비타민, 식물영양소(phytonutrients), 관련 무기질, 당질 영양소 등을 식품으로 충분히 공급하는 것이다.

당질 영양소의 항산화 작용은 최근에야 인정받아 아직 덜 알려진 처지에 있다. 당질 영양소는 체내 자연성 항산화제 가운데 가장 좋은 것 중 하나인 글루타치온(glutathione)의 수준을 50%나 증가시키고 간세포에서 이것이 감소하는 것을 방지한다.

종합적으로 당질 영양소는 세포의 고유한 구조물 기능 및 관계

형성, 세포막, 전달자 분자, 효소, 항체, 점착과 결합, 신호화, 암 전이, 기타 생물학적 체계에 관여하고, 모든 세포의 기능 수행에 필수적이다. 따라서 당질 영양소는 예방적 차원뿐 아니라 해소적 차원에서 절대적으로 필요한 중요한 영양소이다.

⚡ 8가지 글리코 영양소의 작용과 함유 식품

① 만노오스(Mannose)

만노오스는 알로에 베라에 많이 함유되어 있으나 흡수의 문제로 쉽게 섭취하여 이용할 수 없다. 이는 세포 간 상호 작용, 세포의 의사소통, 세포의 치유, 세포조직의 재구성, 종양의 성장과 전이의 억제, 감염의 예방, 고유한 면역력 방어, 사이토카인의 생산, 자연성 항염증에 효과가 있다. 류머티즘 관절염 염증 완화, 항산화 작용, 당뇨병에서 혈당치의 강하, 혈중 중성지방치의 강하 작용 등도 한다.

② 푸코오스(Fucose)

푸코오스는 모유와 약용 버섯류에 풍부하지만, 음식물에서 쉽게 획득하기 어렵다. 뇌의 발달에 영양을 주며 장기간 기억력을 호전시킨다. 세포 간의 의사교통의 증진, 면역계 조정자 역할, 종양의 성장과 전이 억제, 호흡기계 감염의 예방, 알레르기 반응들의 억제, 접촉성 피부염의 피부반응 억제 등의 역할을 담당한다.

낭포성 섬유증(cystic brosis), 당뇨, 암 등은 푸코오스의 대사가 비정상적으로 작용한다. 모유의 우수성과 버섯류의 중요성은 푸코오스 성분의 섭취와 밀접한 관계가 있다.

③ 갈락토오스(Galactose)

갈락토오스는 우유 제품 속에 유당(lactose)으로 많이 함유되어 있고, 이 유당을 소화 분해함으로써 쉽게 섭취할 수 있다. 종양의 성장과 전이를 억제하며 염증 해소와 상처 치유에 중요한 작용을 하고 인슐린 분비를 자극하고 칼슘 흡수를 증가시킨다.

갈락토오스 혈증은 드물지만 증상은 심각하다. 곧 백내장, 신경성 귀머거리, 성장 실패, 간의 비대, 세균 감염 등 심각한 후유증을 발생시킨다. 북한이나 아프리카의 영양실조로 배만 볼록 나온 아이들이 갈락토오스 결핍의 대표적 사례이다.

④ 글루코오스(Glucose)

글루코오스는 빵, 쌀, 야채류, 시리얼, 꿀, 옥수수 시럽, 과일 등에서 얻을 수 있다. 혈류 속으로 직접 빨리 유입되어 중요하고 강력한 에너지원이 되고 세포 내에서 다른 당질 영양소(단당)들로 전환된다. 기억 증진, 칼슘 흡수 촉진, 세포 간 의사소통 증진에 기여한다.

과다하게 섭취하면 비만과 당뇨병을 유발하고, 너무 적게 섭취하면 저혈당 등의 문제가 발생한다. 포도당 대사는 우울증, 조울증, 식욕 부진, 거식증 등에서 대사 장애를 일으킨다. 많이 먹어도 병, 적게 먹어도 병이니 적당히 먹어야 한다.

⑤ N-아세틸갈락토사민(N-acetylgalactosamine)

N-아세틸갈락토사민은 음식물에서 쉽게 섭취할 수 없다. 종양 확산을 억제, 세포 간 의사소통 증진 작용을 한다. 심장병 환자에게서는 N-아세틸갈락토사민의 혈중치가 정상인보다 낮게 나타난다. 극소량의 영양소라도 결핍 시에는 치명적인 증상이 나타날 수 있기에 매나테크의 글리토 영양소로 섭취해 주는 것이 좋다.

⑥ N-아세틸뉴라민산(N-acetylneuramicnic acid, NANA)

N-아세틸뉴라민산은 모유에 풍부하고 음식물에서는 얻을 수 없다. 신생아의 중추신경계의 정상적인 발달과 학습 능력의 획득에 특히 중요하다. 면역 조정자로서 점액에 영향을 주어 세균, 바이러스 등 다른 병인을 제거할 수 있고, 인플렌지 A와 B를 효과적으로 억제하고, 저밀도 지질을 저하한다.

혈장 NANA치가 증가하는 것은 당뇨병, 죽상경화증, 암, 급성 염증 반응기인 경우이다. 이 경우 혈장 NANA의 증가는 원인이라기보다는 질병의 생물학적 지표이다. 자식을 건강하고 똑똑하게 키우고 싶으면 모유나 글리코 영양소를 먹이라.

⑦ 자일로오스(Xylose)

자일로오스는 음식물에서 쉽게 섭취할 수도 없고, 이용할 수도 없다. 자일로오스는 세포 간의 의사 교환 조장, 항 세균 작용, 항 진균 작용, 소화기 내 암 발생 예방, 풍치 예방 등의 작용을 한다.

⑧ N-아세틸글루코사민(N-acetylglucosamine)

N-아세틸글루코사민 당질 영양소도 음식물에서 쉽게 얻을 수 없다. 면역 조정자이고 항암 특성, 인체 면역 결핍 바이러스(HIV)에 대한 항 바이러스 작용을 한다.

대사물질인 글루코사민은 연골의 재생, 골 관절염의 증상 완화, 암의 진전 억제, 항바이러스, 면역 억제 효과, 학습의 촉진, 점막 방어벽(GAG층) 회복 같은 작용을 하고, 특히 크론병, 궤양성 대장염, 간질성 방광염에서는 GAG층에 결함이 있다. 글리코 영양소를 글루코사민으로 착각하는 분이 있는데 8가지 당 영양소 중 하나가 글루코사민이다.

앰브로토스 조성물(글리코 영양소)에 관한 질병별 투여와 그에 따른 결과 표(특허청)

질병	투여된 영양 제품	결과
노화 진행 또는 최적의 건강 계획	A, B, C, D	체지방 감소, 근육량 및 골밀도 증가, 혈청 생화학 상태가 좀더 건강한 수준으로 변화
지속적인 노인성 발작	A, B, C	감각 회복 및 근육 조절
다발성 동맥경화증	A, B, C	감각 회복 및 근육 조절
근위축성과 측동맥경화증	A, B, C	감각 회복 및 근육 조절
근영양실조	A, B, C,	감각 회복 및 근육 조절
대뇌 마비	A, B, C	감각 회복 및 근육 조절
모반 퇴화	A, B, C	시력 회복
발작	A, B, C	알레르기 및 감염의 감소 또는 제거와 협동, 학습, 기억 및 외관의 개선
다운증후군	A, B, C	알레르기 및 감염의 감소 또는 제거와 협동, 학습, 기억 및 의관의 개선
전신 복합적 면역 결핍 증후군	A, B, C	항체 및 T 세포 기능의 회복
가족성 흑내장성 백치 (Tay-Sachs)	A, B, C	손실된 기능의 회복
색소성 망막염	A, B, C	시력 회복
색맹	A, B, C	색 구별 가능
헌팅톤 무도병	A, B, C	손실된 기능의 회복 및 개선
알츠하이머병	A, B, C	손실된 기능의 회복 및 개선
파킨슨병	A, B, C	손실된 기능의 회복 및 개선
염증성 다발성 신경장애	A, B, C	손실된 기능의 회복 및 개선
폐쇄성 두부 창상 증후군	A, B, C	손실된 기능의 회복 및 개선
척수 손상	A, B, C	손실된 기능의 회복 및 개선
궤양성 대장염	A, B, C	궤양 치유
크론병	A, B, C	궤양 치유
정신분열증	A, B, C	기능 개선
우울증	A, B, C	기능 개선

불안반응	A, B, C	기능 개선
강박질환	A, B, C	기능 개선
신경 경련	A, B, C	기능 개선
무 안정 다리 증후군	A, B, C	기능 개선
토우래 증후군	A, B, C	기능 개선
자폐증	A, B, C	기능 개선
베그너 과립종	A, B, C	조직 복귀
루퍼스E	A, B, C	병변 치유
류머티즘성 관절염	A, B	증상 완화
갑상샘염	A, B	항핵 항체 정상화
중증 근무력증	A, B	항핵 항체 정상화
당뇨병	A, B	글루코즈 및 Hgb AIC의 정상화, 망막 기능의 회복, 궤양 치유, 감염 제거, 고지질의 정상화, 인슐린 및 그리코 메드의 감소
알코올 중독증	A	욕구 감소
코카인 중독증	A	욕구 감소
아테롬성 경화증	A, B	전체 콜레스테롤, LD,ALC 트리글리 세리드 수준 감소, HDL 증가, 혈관 개방 및 부정맥 개선
특발성 심근염(바이러스성)	A, B	분출 기능 증가, 심장 크기 회복, 콕사 키 바이러스 및 항체 수준의 증가, 심부전의 전도
류머티즘 관절염	A, B	통증, 경직성, 열 및 종창의 제거와 활동영역, 근력 및 지구력 회복
퇴행성 관절염	A, B	통증, 경직성, 열 및 종창의 제거와 활동영역, 근력, 지구력 회복
창상 관절염	A, B	통증, 경직성, 열 및 종창의 제거와 활동영역, 근력, 지구력 회복
유년성 관절염	A, B	통증, 경직성, 열 및 종창의 제거와 활동영역, 근력, 지구력 회복
천식	A	호흡 단축 및 숨 가쁨 증상의 제거 및 폐 기능 향상
코 및 눈의 알레르기와 고초 열	A	가려움, 종창, 발진 증상의 제거
실리콘 유방 삽입물	A	증상의 완화 또는 제거

환경적 독소 증후군	A, B, C	증상 완화 또는 제거
에이전트 오렌지	A, B, C	증상 완화 또는 제거
걸프전 증후군	A, B, C	증상 완화 또는 제거
B형 및 C형 간염	A, B, C	간 효율 및 증상 정상화
독감 바이러스	A, C, D	증상 완화 및 개선
일반 감기	A, C, D	증상 완화 및 개선
AIDS	A, C, D	증상 제거, HIV-1m-RNA 미검출, 면역 기능 회복
헤르페스	A, C, D	침입 제거
사마귀	A, C, D	침입 제거
인체의 유두 바이러스	A, C, D	침입 제거
이 염, 매질(만성 또는 영구적)	A, C, D	증상 제거 및 항생제 필요
백혈병	A, B, C, D	염색체 변형 교정
림프종	A, B, C, D	염색체 변형 교정
육종(성 세포증)	A, B, C, D	조직 생검의 정상화
유방, 전립선, 난소, 위장 및 폐 등의 부신 종양	A, B, C, D	전이 부위 제거 및 검출되지 않을 정도의 수준까지 종양체 수축
심각한 내전 및 여성의 불감증	A, B, C, D	중년의 심리적 관심 및 생리적 성기능 복귀
일광 손상 피부, 노화 피부, 방사선 손상 피부	A, C, E	색소 침착, 주름 및 탄성 손실의 감소와 표피 및 전피의 회복
운동성	C, F	나이가 적고 많은 육상선수 모두에게서 근력 및 지구력 향상, 피로 지연, 회복 촉진

A-앰브로토스, B-앰브로토스 AO, C-플러스,
D-파이토매트리스(카탈리스트), E-매나C

⑨ 마그밀

마그밀은 미립 상태의 코로이드성 수산화마그네슘(마그밀MILKOF MAGNSIA)을 탈수 건조해서 제조된 Mg(OH)2가 주성분이다. 마그밀은 변비가 있을 때만 섭취하는 것이 아니라 과식하였을 경우나 위염, 위궤양 등에도 좋으며, 특히 암의 주요 원인으로 알려진 일산화

탄소를 제거해 주는 탁월한 효과가 있다. 마그밀의 효과를 구체적으로 살펴보면 다음과 같다.

- 장벽에서 물기를 뽑아 보습 작용을 하므로 변통을 좋게 하여 변비를 해결해 준다.
- 장벽을 코팅해 주는 도포 작용을 하므로 설사에 따른 장 점막의 상처를 막아준다.
- 소염 작용을 하므로 설사로 인한 장 점막의 염증을 치유해 준다.
- 제산 작용을 하므로 위산 과다로 인한 위염, 위궤양 등에 도움이 된다.
- 일산화탄소를 제거해 주므로 암과 같은 난치성 질환을 예방해 주기도 한다.

이 같은 효과가 있으므로 가정에서 구비해 놓고 필요 시 복용하면 건강에 많은 도움이 될 것이다.

⑩ 매실 엑기스

매화는 겨울을 이겨내고 잎보다 먼저 아름다운 꽃으로 봄을 알려주는 희망의 나무이며 그보다 더 신통방통한 것이 매실이다. 매실의 약리 작용은 굳이 설명하지 않더라도 대부분의 국민이 더 잘 알고 있듯, 매실은 민간요법의 대명사가 된, 건강을 위한 탁월한 식품이다.

매실은 먼저 해독작용이 뛰어난 알칼리 식품으로 주성분은 탄수화물이고 10%의 당분과 다량의 유기산을 함유하고 있다. 구연산, 사과산, 호박산과 함께 칼슘, 마그네슘, 인, 아연 등 미네랄 성분이 풍부하고, 특히 구연산이 다른 과일에 비해 월등히 많아 노화물질을 몸 밖으로 배출하는 해독작용이 탁월하다. 그래서 매실을 장복하면 피로 회복이 빠르고 알칼리 체질로 변화되어 면역력이 높아지고, 매실 속의 카테킨산 성분은 강한 해독 및 살균 효과가 있어 만성 변비에 좋으며, 간을 보호하고 간 기능을 향상시킨다.

⑪ 산야초

효능에 비해 산야초만큼 덜 알려진 식품은 없다. 하나님께서 우리에게 주신 자연치유력을 가장 많이 보유하고 있는 것이 산야초다. 한 예로 오래된 산삼 한 가지만으로 어떤 질병도 해결할 수 있다는 것을 우리는 너무나 잘 알고 있다. 산삼뿐 아니라 우리나라의 모든 숲과 산에 있는 것들은 놀라운 자연치유 효과를 낼 수 있다.

몹쓸 양약이 들어오기 전에 우리 조상은 산과 들에 있는 풀로 모든 병을 치유했다. 매실과 같이 우리 주변에 있는 약초(풀)들을 많이 (100가지 이상) 채취하여 설탕과 1:1 비율로 섞어 간단히 만들어 그늘진 곳에 5년 이상 묵혀두었다가 섭취하면 좋다.

18. 마음 다스리기

"무릇 지킬 만한 것보다 더욱 네 마음을 지키라 생명의 근원이 이에서 남이니라"(잠 4:23).

"마음의 화평은 육신의 생명이나 시기는 뼈를 썩게 하느니라"(잠 14:30).

"마음의 즐거움은 양약이라도 심령의 근심은 뼈로 마르게 하느니라"(잠 17:22).

"사람의 심령은 그 병을 능히 이기려니와 심령이 상하면 그것을 누가 일으키겠느냐"(잠 18:14).

이 성경 말씀을 보더라도 잘 알겠지만, 질병 치유의 99%는 마음

먹기에 달렸다. 모든 질병이 스트레스로 온다. 또한 모든 질병은 마음먹기에 따라 치유될 수도 있고, 악화될 수도 있다. 특히 질병 치유를 위해 필요한 마음의 자세는 다음과 같다.

첫째, 꼭 치유될 수 있다는 강한 믿음을 갖는다.

둘째, 병을 이겨낼 수 있다는 강한 의지를 갖는다.

셋째, 적극적이고 긍정적인 마음 자세로 힐링시대 건강 디자인 프로그램에 성실히 참여한다.

넷째, 불평과 원망을 버린다.

다섯째, 용서와 자비와 사랑과 이해의 마음으로 가득 채운다.

여섯째, 욕심과 미움과 죄를 버리고 회개한다.

일곱째, 질병에 대한 하나님의 뜻을 찾고 오히려 감사한다.

이 같은 마음으로 치유에 임한다면 치유되지 못할 질병은 없다.

19. 호전반응
- 치유의 위기

　서문과 1장을 통하여 놀라운 의료계의 현실과 현대의학의 한계와 병원, 의사, 약의 공포를 일부분 알아보았다. 또 맹신병의 병폐와 우리의 무지와 힘없는 약자의 한계도 속 쓰리지만 살펴보았다.
　2장을 통해서는 질병의 근본적 원인과 유형별 원인을 주의 깊게 알아보았다. 3장을 통하여서는 질병 치유의 근본적 원리와 구체적인 방안과 질병별 치유 방안을 통해 질병을 어떻게 치유하고 극복할 것인가에 대하여 상세하게 살펴보았다.
　하지만 이것이 질병 치유의 끝이 아니다. 꼭 넘어야 할 산이 하나 더 있다. 바로 호전반응이란 것이다. 현대의학에서는 부작용이란 단어 하나로 처리하고 인정하지 않기 때문에 환우들이 잘 이해하고 받아들이지 못하는 내용이다.

호전반응이란?

① 질병을 극복할 수 없는 몸을 극복할 수 있는 몸으로 바꿔가는 과정이다.
② 질병을 통한 인체의 왜곡된 상태를 정상의 상태로 되돌릴 때 나타나는 각종 반응이다.
③ 아픈 부분이 정상으로 회복되고 있다는 신호이다.
④ 질병이 깊으면 깊을수록 호전반응도 강하게 나타난다.
⑤ 호전반응이 나타나지 않는 경우는 치유되지 않는 것이다. 또한 건강한 사람은 호전반응이 나타나지 않는다.

그래서 자연요법 또는 대체의학에서는 이를 '치유의 위기'라 한다. 치유를 하는 과정이나 짧은 기간 동안 아픈 곳이 더 아플 수도 있고, 가려운 곳이 더 가려울 수도 있으며, 환우의 건강 상태에 따라 갖가지 증상이 나타날 수 있다. 이 과정에서 불신과 불평이 생기고 예민해져 중도에 치유를 포기하는 사람이 많이 나타나기 때문에 호전반응을 치유의 위기라 하는 것이다. 호전반응을 잘 이해하여 중도에 포기하지 말고 끝까지 믿고 따라야 질병을 정복할 수 있다.

질병별로 나타나는 호전반응

질병	호전반응
간경화 관련	대변에 피 또는 핏덩어리가 섞여 나올 수 있음
간장 관련	심한 졸음, 단백뇨, 발진, 발열, 권태, 눈곱, 구토, 피부 가려움증
결석증 관련	통증, 발열
고·저혈압 관련	현기증, 두통, 식욕 부진, 머리가 무거움, 일시적 혈압 변동 등

기관지 관련	기침, 가래, 콧물, 구강 건조증, 현기증 등
뇌혈관 장애관련	구토, 두통, 눈곱, 어지러움 등
당뇨 관련	온몸이 맞은 듯한 통증, 무기력증, 당 수치의 일시적 변화, 수족 부종, 공복감, 불안감, 신경질, 짜증 등
류머티즘 관련	통증, 식욕 부진, 발열 등
백혈구 감소증	입이 마르고 꿈을 자주 꾸고 위가 불편함
변비	가스가 많이 나옴, 배가 아픔, 변통
빈혈	경미하게 코피를 흘릴 수 있음
신경, 정신과 관련	무기력증, 불면, 금단현상, 경련, 발작 등
소장, 대장 관련	설사, 명치 끝이 답답함, 멀미감 등
시력 저하	눈물이 나며 일시적으로 시야가 흐리게 보일 수 있음
신경성 과민	불면증, 흥분, 불안증 등
신경통	환부가 더 아플 수 있음
신장, 방광 관련	소변이 자주 마려움, 부종, 피부발진 등
아토피성 관련	가려움, 붉은 반점, 물집 등
암, 산성 체질 관련	심한 피로감, 구강 건조증, 비뇨, 머리가 무거움, 몸에서 냄새가 남, 출혈, 일시적으로 더 심해지다가 없어지는 등 호전 반응이 심함
심장 관련	어지러움, 가슴 두근거림, 혈압계 변동 등
여드름, 피부 과민	전신이 아프고 일시적으로 심할 수 있음
요산 과다	위통, 구토, 피부발진, 구취, 설사, 변비, 트림, 멀미감 등
위장, 위궤양	답답함, 미열, 식욕 부진, 위통 등
자궁 이상 관련	하혈, 복통, 냉 대하 증가 등
자율신경계 관련	머리가 바늘로 콕콕 찌르는 것 같음
적혈구 부족	코피가 나는 증세(여성에게 많다)
좌골 신경통	허리 통증
축농증 관련	콧물 증가, 두통, 코피
치질	가끔 혈변을 봄
폐결핵	혈담, 기침, 발열, 구토, 객담 증가
혈관계 관련	머리가 무거움
생리통 관련	전신 무력감, 통증 등
피부 발진	피부가 가려움

4장

질병별 치유를 위한 구체적 방안

1. 치유가 불가능한 환자

다음과 같은 사람은 아무리 가벼운 질병도 치유가 불가능하다.

1. 살고 싶은 의욕을 상실한 사람
2. 치유를 믿지 않고 불신하는 사람
3. 불평불만하고 원망하며 부정적인 사람
4. 약을 계속 먹으며 의사의 지시만 따르는 사람

이 같은 사람은 삼국지에 나오는 화타 선생이 와도, 고대 중국 최고의 명의 편작 할아버지가 와도 병을 고칠 수 없다. 그저 의사 선생님을 신으로 모신 맹신병에 빠져 약만 먹다가 약 올라서(?) 죽고, 고집부리고 억지부리다 돈 고생, 몸 고생만 하다가 흙냄새 맡고, 불평불만 하다가 화장터에서 불맛을 보게 될 것이다.

2. 치유가 매우 쉬운 사람

첫째, 꼭 치유될 수 있다는 강한 믿음을 가진 사람
둘째, 병을 이겨낼 수 있다는 강한 의지가 있는 사람
셋째, 적극적이고 긍정적인 마음 자세로 치유프로그램에 참여하는 사람
넷째, 불평불만하거나 남을 원망하지 않는 사람
다섯째, 용서와 자비와 사랑과 이해로 마음을 가득 채운 사람
여섯째, 욕심과 미움과 죄를 버리고 회개하며 마음을 비운 사람
일곱째, 질병에 대한 하나님의 뜻을 찾고 오히려 감사하는 사람

이 같은 사람은 어떤 질병에 걸려도 빠른 시일 안에 치유될 수 있다.

3. 암을 이기는 방안

1950~1960년대에는 암도 희귀병이었다.

1970~1980년대에 암은 걸리면 죽는 병으로 사형선고와 같았다.

1990~2000년대에 암은 이제 걸려도 살 수 있는 병으로 일반화되었다. 그 후 암도 치료 가능한 병이 되었다. 요즘에는 주변에서 암 진단을 받고 치료된 사람을 심심찮게 볼 수 있다. 하지만 아직도 암으로 죽어가는 사람이 일본은 매년 33만 명에 이르고(아보 도오루, 《新면역혁명》, p. 3), 그중 80%인 26만 명이 암이 아닌 맹독성 항암제와 방사선 조사, 불필요한 수술 등과 같은 암 치료에 따른 중대한 부작용으로 사망한다는 충격적인 사실이 모 국립대학 부속병원 임상연구를 통해 밝혀졌다. 한국에서는 얼마나 더할는지 상상하기조차 어렵다.

의학이 가장 발달하였다는 미국이나 일본에서도 암을 치료한다는 것이 수술해서 잘라내고, 독한 항생제 투약하고, 효과도 없이 부작용만 커 정작 의사들은 하지 않으며 방사선을 조사하는 게 치료의 전부라고 한다.

우리나라는 어떨까? 더했으면 더했지 다를 바가 없을 것이다. 나는 도저히 이해되지 않는 것이 항암 치료다. 병원에서 항암치료를 하는 사람들은 전부 머리카락이 빠지고 구토, 각혈에 기력이 없으며, 얼굴은 암 치료 전보다 훨씬 더 창백하여 병색이 완연하다. 전부 대머리가 되고 감염된다고 외출도 못 하게, 사람도 못 만나게 한다. 온갖 약에 절여서 핏기 하나 없는 얼굴에 맥은 풀리고, 기력은 없어 걸음조차 못 걷게 된다.

멀쩡히 건강하게 팔팔하던 사람도 암 판정을 받고 병원에 출입하기 시작하면, 그때부터 진짜 환자가 되고 얼마 지나지 않아 죽었다는 소식을 듣는다. 그것이 무슨 치료인가, 사람 잡는 것이지.

대체의학 부작용을 트집 잡아 본인들 외엔 치료에 손도 못 대게 하고 근처에도 못 가게 하는 사람들이 항암치료의 엄청난 부작용과 치료 과정의 문제점으로 80% 이상의 암환자가 죽어가고 있다는 사실을 언제까지 숨길 수 있을까? 차라리 손바닥으로 하늘을 가리는 게 나을 것이다(아보 도오루, 《新면역혁명》, 프롤로그 p.3 참조).

이런 현실을 검증해 주는 매우 재미있는(?) 기사가 있다. 2010년 8월 21일 토요일 〈조선일보〉에 우리나라 미용계의 대모라는 그레이스 리 씨의 기사가 전면에 게재되었다. 오른쪽 위에 큰 글씨로 이렇게 쓰여 있었다. "유방암이란다, 가슴을 잘랐다. 위암이란다, 위를 잘랐다. 대장암이란다, 대장을 잘랐다. 이번엔 다 퍼졌단다." 미모의 미용계 대모는 대머리가 되어 이렇게 딸에게 말하고 있었다.

4. 암, 감기보다
더 쉽게 치유할 수 있다

암에 걸리지 않고 건강하게 살 수 있는데 인체 중에 암에 걸리지 않는 부위가 있다는 사실과 그 이유를 알면 암을 예방하고 치료하는데 큰 도움이 될 것이다. 우리 몸의 장기 중 암에 걸리지 않는 부위가 있는데 혹시 알고 있는가? 간암, 위암, 대장암, 직장암, 유방암, 피부암, 혀암, 코암, 골수암, 갑상샘암, 췌장암 등 암에 걸리지 않는 장기가 거의 없는데, 놀랍게도 심장은 암에 걸리지 않는다. 그러면 왜 심장은 암에 걸리지 않을까? 여러 가지 이유가 있지만 간추려 세 가지로 정리하면 다음과 같다.

첫째, 운동이다. 심장은 만들어지면서부터 죽을 때까지 운동을 한다는 것이다. 지금까지 마라톤 선수로 등록된 사람 중에 암으로 죽은 사람은 없다고 한다. 그만큼 운동은 암의 예방과 치료에 탁월하다.

두 번째는 온도이다. 사람의 체온은 36.5도이다. 그렇지만 심장은,

특히 젊은 사람의 심장은 체온보다 2도가량 높다고 한다. 체온이 1도 올라갈 때마다 면역력은 6배씩 올라간다고 한다. 그래서 감기나 몸에 이상이 생기면 체온이 급격히 올라가고 열이 나는 것이다. 열이 나는 것은 체온을 올려 감기나 바이러스 병원균을 퇴치하기 위한 몸 스스로의 자연치유 작용인데, 오히려 해열제나 주사로 체온을 떨어뜨리는 현대의학을 어떻게 이해해야 할지 답답하다.

물론 이에 대한 반론이 많고, 고열의 위험성도 알고 있으므로, 이런 방법이 싫은 사람은 병원의 방법대로 해도 어쩔 수 없다. 하지만 분명한 것은 암세포나 바이러스는 열을 대단히 싫어하고, 열에 매우 약하다는 것이다. 이것만은 분명히 알아야 한다. 열정과 에너지가 넘치는 삶, 적극적이고 활력이 넘치는 생활을 하면 암에 절대로 걸리지 않는다. 걸리더라도 쉽게 치유된다.

세 번째는 염도이다. 인체의 체액은 0.9%의 염도를 유지한다. 내가 젊은 시절 근무했던 군대 의무대에서는 군인들이 훈련받다가 쓰러지면 0.9% 생리 식염수를 혈관에 가장 먼저 꽂아준다. 체액은 0.9%의 염도이지만 심장의 염도는 체액의 3배에 달하는 3% 정도이다. 그래서 심장을 염통이라 부르기도 한다.

암 환우들은 본인의 몸을 소금에 푹 절여야 한다(3장 치유 원리 중 '소금' 참조). 그러면 질병은 무서워서 도망간다. 소금이 몸에 좋다고 해서 생 소금을 먹기는 정말 어려운 일이고, 또 무조건 아무거나 먹어서도 안 된다.

평소에 습관처럼 먹는 것이 아주 좋은데, 그 방법은 된장국이나 찌개, 장아찌, 젓갈 종류의 반찬을 통하여 먹는 것이다. 그러면 암에 걸리지 않을 뿐 아니라, 건강해서 병원 의사 선생님이나 약사 선생님 얼굴을 안 보고, 또 의료보험카드도 사용하지 않고 살 수 있다.

🖤 암세포가 제일 싫어하는 것

열(빛), 산소, 소금(염분) 이 세 가지는 암세포가 가장 싫어하는 것이다. 암으로 고생하고 있다면 이 세 가지로 암을 집중 공략하라. 몇 개월 안에 암을 정복할 수 있을 것이다.

① 열(빛)

암세포 하나를 죽이려고 정상 세포 100개를 죽이는 부작용만 있는 방사선치료(빈대 잡으려다 초가삼간 태우는 격, 암세포 죽이려다 사람이 먼저 죽음)가 아니라, 제대로 된 참숯방에 가서 체온을 올리고 땀으로 독소를 꾸준히 **빼내면** 부작용(구토, 각혈, 기력 감퇴 등) 없이 암세포가 사라진다.

② 산소

암세포는 산소를 가장 싫어한다. 기전은 정확히 설명할 수 없지만(우리 몸은 의사들이 설명하는 기전대로만 반응하지 않고, 전부 다 설명할 수도 없음) 암이 치유되고 나았다는 사람 대부분은 도시를 떠나 산 좋고 물 좋은 시골에 가서 직접 재배한 야채와 과일을 먹으며 사는 사람들이다. 그것은 깨끗한 물과 공기를 통해 충분한 산소가 공급되었기 때문이다. 살고 싶다면 약을 끊고, 산 좋고 물 좋은 곳으로 떠나라.

③ 소금

3장의 치유의 원리를 참조하되 다시 한번 노파심에서 얘기하면, 소금은 절대로 정제염이나 맛소금 등 인공으로 만든 소금이 아니라 천일염을 구워서 만든 것이라야 한다.

소금의 살충, 살균, 방부 효과 등 그 효능은 이루 다 말할 수가 없다. 예수님께서도 성경에서 소금은 좋은 것(막 9:50)이며, 우리에게도 세상의 소금이 되어야 한다고(마 5:13) 직접 말씀하셨다.

이 세 가지와 함께 금식 해독 프로그램에 참여해 암을 이기는 방안을 배우고 직접 체험하면 몇 개월 이내에 어떤 암세포와의 전쟁에서도 승리할 수 있다. 아울러 다음의 구체적인 치유 방안을 꼭 실천해야 한다.

1. 육식을 피하고 채식 위주로 식단을 바꾸라.
2. 술, 담배, 피자, 치킨, 콜라, 사이다, 햄버거, 삼겹살 등 화학조미료와 화학첨가제, 설탕으로 범벅된 인스턴트 음식과 가공식품은 먹지 말라.
3. 혈액의 흐름을 좋게 하는 과일과 야채, 품질이 우수한 오메가3를 많이 섭취하라.
4. 절대로 싱겁게 먹지 말라.
5. 젓갈이나 장아찌를 비롯해 음식을 짜게 먹으라.
6. 소식하며 체중을 줄이라.
7. 적당한 운동이나 노동으로 땀을 흘리라.

8. 각종 약을 끊을 수 있도록 노력하라.

9. 매나테크의 글리코 영양소를 섭취하라.

10. 관장, 냉온욕, 된장 찜질, 참숯 찜질, 간 청소를 비롯한 금식과 해독 프로그램으로 몸과 영혼을 깨끗이 정화하라.

11. 스트레스를 즐기고 휴식과 여행으로 삶의 여유를 가지라.

12. 말씀과 기도, 찬양으로 영혼의 안식과 예배의 기쁨과 감격을 체험하라.

13. 가족과 이웃을 사랑하고 섬기며, 모든 일에 감사하라.

이것이 암 치유를 위한 가장 좋은 방법이며, 여기에 질병을 복으로 바꾸기를 바라는 하나님의 놀라운 사랑과 뜻이 있다.

5. 고혈압을 이기는 방안

앞서 2장에서 어떤 사람이 고혈압에 잘 걸리는지 알아보았다. 동물성 지방이 풍부한 고기와 화학조미료, 화학첨가제, 설탕으로 가득한 식품은 고혈압, 당뇨, 고지혈증, 지방간 등 갖은 질병을 종합세트로 몰고 온다.

고혈압과 고지혈증, 당뇨에 걸리지 않고 건강하게 살고 싶으면 다음의 내용을 철저히 지키라.

1. 육식을 피하고 과일과 야채의 채식 위주로 식단을 바꾸라.
2. 술, 담배, 피자, 치킨, 콜라, 사이다, 햄버거, 삼겹살 등 화학조미료와 화학첨가제, 설탕이 범벅된 인스턴트 음식과 가공식품은 먹지 말라.
3. 혈액의 흐름을 좋게 하는 생선과 견과류, 품질이 우수한 오메가3를 많이 섭취하라.

4. 절대로 싱겁게 먹지 말라.
5. 젓갈이나 장아찌를 비롯해 음식을 짜게 먹으라.
6. 소식하며 체중을 줄이라.
7. 적당한 운동이나 노동으로 땀을 흘리라.
8. 약을 끊을 수 있도록 노력하라.
9. 매나테크의 글리코 영양소를 섭취하라.
10. 관장, 냉온욕, 된장 찜질, 참숯 찜질, 간 청소를 비롯한 금식과 해독 프로그램으로 몸과 영혼을 깨끗이 정화하라.
11. 스트레스를 즐기고 휴식과 여행으로 삶의 여유를 가지라.
12. 말씀과 기도, 찬양으로 영혼의 안식과 예배의 기쁨과 감격을 체험하라.
13. 가족과 이웃을 사랑하고 섬기며, 모든 일에 감사하라.

이것이 고혈압 치유를 위한 가장 좋은 방법이며, 여기에 질병을 복으로 바꾸기를 바라는 하나님의 놀라운 사랑과 뜻이 있다. 아등바등 죽기 살기로 살다가 병들고 아프면 본인만 서럽고 고생이다.

6. 당뇨를 이기는 방안

당뇨란 우리가 아는 대로 췌장에서 만들어내는 인슐린의 분비량보다 외부에서 공급하는 당 성분이 많아 혈관과 소변에 설탕 성분이 많이 포함되어, 이것이 혈액의 흐름을 방해하고 소변으로 당 성분이 배출되면서 몸에 심각한 질병을 유발하는 증상이다.

당뇨병은 알다시피 합병증이 무섭다. 이는 피와 체액 속 당 성분과다로 피의 흐름이 원활하지 않아 피부 괴사를 비롯한 온갖 합병증을 유발하여 발가락과 다리를 절단하고 심하면 실명까지 되는 매우 무서운 병이다. 오늘날은 우리 주변에서 환자들을 흔히 만날 수 있을 정도로 대중적인 질병이 되었다.

이렇게 무서운 당뇨를 예방하거나 치료하는 방법은 첫째는 식습관을 개선하는 것이고, 둘째는 생활습관을 바꾸는 것이다.

1. 단 음식은 절대로 먹지 말라.

2. 육식도 절대로 하지 말라.

3. 과식도 절대로 하지 말라.

4. 절대로 싱겁게 먹지 말라.

5. 젓갈이나 장아찌를 비롯해 음식을 짜게 먹으라.

6. 술, 담배, 피자, 치킨, 콜라, 사이다, 햄버거, 삼겹살 등 화학조미료와 화학첨가제, 설탕이 범벅된 인스턴트 음식과 가공식품은 먹지 말라(당뇨에서 해방되어 당당하게 살고 싶으면).

7. 소식하며 체중을 줄이라.

8. 적당한 운동이나 노동으로 땀을 흘리라.

9. 당뇨약이나 인슐린 주사를 끊을 수 있도록 노력하라.

10. 매나테크의 글리코 영양소를 섭취하라.

11. 관장, 냉온욕, 된장 찜질, 참숯 찜질, 간 청소를 비롯한 금식과 해독 프로그램으로 몸과 영혼을 깨끗이 정화하라.

12. 스트레스를 즐기고 휴식과 여행으로 삶의 여유를 가지라.

13. 말씀과 기도, 찬양으로 영혼의 안식과 예배의 기쁨과 감격을 체험하라.

14. 가족과 이웃을 사랑하고 섬기며, 모든 일에 감사하라.

이것이 당뇨 치유를 위한 가장 좋은 방법이며, 여기에 질병을 복으로 바꾸기를 바라는 하나님의 놀라운 사랑과 뜻이 있다.

7. 비만을 이기는 방안

비만을 이기고 극복하는 방법을 모르는 사람은 아무도 없다. 알고 있지만 실천하기 힘들다는 것이 문제이다. 그래서 비만의 근본적인 문제인 식욕을 억제하고 지방을 잘 분해할 수 있는 방안을 몇 가지 제시하고자 한다. 이를 잘 따르면 건강한 몸매와 함께 자신감 넘치는 삶을 살 수 있을 것이다.

1. 절대로 싱겁게 먹지 말라(비만인 사람은 100%가 싱겁게 먹는다).
2. 젓갈이나 장아찌를 비롯해 음식을 무조건 짜고 맵게 먹으라(짜고 맵게 먹는 사람치고 뚱뚱한 사람이 없다. 의학적 기전이나 원리를 설명하지 않아도 임상으로 확인해 보라. 그것이 가장 확실한 방법이다).

3. 단 음식은 절대로 먹지 말라(단맛은 알코올이나 마약같이 중독성이 강해서 계속 먹게 된다. 설탕 회사는 이것을 잘 알고 있다).
4. 육식은 절대로 하지 말라(지방은 축적되고 빼기도 어렵다).
5. 과식도 절대로 하지 말라(부연설명이 필요 없다).
6. 공복감이 생기고 식욕이 생기면 감잎차, 녹차, 매실 엑기스, 생수 등 칼로리는 낮고 지방은 분해하는 물 종류를 많이 섭취하여 공복감도 없애고 지방도 분해되게 하라.
7. 적당한 운동이나 노동으로 땀을 많이 흘려야 한다.
8. 병원이나 약국 등에서 주는 약으로 해결하려고 하지 말라(요요 현상과 몸을 방어적으로 만들기에 초고도 비만으로 가는 지름길이다).
9. 매나테크의 글리코 영양소를 섭취하라.
10. 술, 담배는 절대로 하지 말라.
11. 관장, 냉온욕, 된장 찜질, 참숯 찜질, 간 청소를 비롯한 금식과 해독 프로그램으로 몸과 영혼을 깨끗이 정화하라(특히 간 청소를 해서 지방이 잘 분해되도록 하라. 지방은 간에서 분해한다).
12. 비만에 집착하지 말고 자신감 있게 모든 일에 최선을 다하면서 적극적으로 행동하라.
13. 게으르게 지내지 말고 주변을 깨끗하게 정리정돈하며, 심플하고 멋있게 살라.
14. 말씀과 기도, 찬양으로 영혼의 안식과 예배의 기쁨과 감격을 체험하라.
15. 가족과 이웃을 사랑하고 섬기며, 범사에 감사하라.

이것이 비만을 이기기 위한 가장 좋은 방법이며, 여기에 질병을 복으로 바꾸기를 바라는 하나님의 놀라운 사랑과 뜻이 있다.

8. 아토피를 이기는 방안

2장에서 아토피와 아토피에 걸리기 쉬운 사람에 대하여 살펴보았다. 아토피로 고생하지 않으려면 먼저 부모가 현명해야 한다. 다음은 환우 본인이 절제하며 지혜로워야 한다. 우리 몸이 싫어하는 것을 하지 않는 것이 아토피를 비롯한 모든 질병에 걸리지 않고 질병에서 해방되는 길이다. 다른 질병도 마찬가지지만 특히 아토피는 식습관, 즉 먹는 음식과 너무나 밀접한 관계가 있으므로 다음 사항들을 철저히 준수해야 한다.

1. 금식과 해독 프로그램을 통하여 몸속에 있는 나쁜 독소들을 제거하라.
2. 피자, 치킨, 콜라, 사이다, 햄버거, 삼겹살 등 화학조미료와 화학첨가제, 설탕으로 범벅된 인스턴트 음식과 가공식품, 육류를 먹지 말라.

3. 생선, 호두, 잣, 땅콩 등 식물성 지방과 단백질을 섭취하라.
4. 절대로 싱겁게 먹지 말라.
5. 온천욕을 자주 하라. 유황온천이면 더욱 좋다.
6. 소식하며 체중을 줄이라.
7. 적당한 운동이나 노동으로 땀을 흘리라.
8. 스테로이드제를 비롯한 약들은 일시적 효과만 보이다가 병을 더욱 악화시킬 뿐이니 절대로 사용하지 말라.
9. 매나테크의 글리코 영양소를 섭취하라.
10. 말씀과 기도, 찬양으로 영혼의 안식과 예배의 기쁨과 감격을 체험하라.
11. 얼굴 찡그리지 말고, 가려운 곳 긁지 말고, 많이 웃으라(웃으면 복이 오고 질병은 떠난다).

이것이 아토피 치유를 위한 가장 좋은 방법이며, 여기에 질병을 복으로 바꾸기를 바라는 하나님의 놀라운 사랑과 뜻이 있다.

9. 여드름이 생기지 않게 하는 방안

여드름이 생기지 않게 하는 최고의 방안은 피부를 청결하게 하는 것이다. 아침저녁으로 깨끗하게 세안하고, 다음의 구체적인 내용을 실천하면 비단결 피부가 될 것이다.

1. 술, 담배, 피자, 치킨, 콜라, 사이다, 햄버거, 삼겹살 등 화학조미료와 화학첨가제, 설탕으로 범벅된 인스턴트 음식과 가공식품을 먹지 말라.
2. 육식도 절대로 하지 말라.
3. 과식도 절대로 하지 말라.
4. 절대로 싱겁게 먹지 말라(모든 염증은 염분이 부족해서 생기는 것이다).
5. 젓갈이나 장아찌를 비롯해 음식을 짜게 먹으라.
6. 소식하며 편식하지 말고 영양을 골고루 섭취하라.
7. 적당한 운동이나 노동으로 땀을 흘리라.

8. 여드름 연고를 비롯한 각종 약은 빨리 끊도록 노력하라.
9. 매나테크의 글리코 영양소를 섭취하라.
10. 관장, 냉온욕, 된장 찜질, 참숯 찜질, 간 청소를 비롯한 금식과 해독 프로그램으로 몸과 영혼을 깨끗이 정화하라.
11. 스트레스를 즐기고 휴식과 여행으로 삶의 여유를 가지라.
12. 말씀과 기도, 찬양으로 영혼의 안식과 예배의 기쁨과 감격을 체험하라.
13. 가족과 이웃을 사랑하고 섬기며, 모든 일에 감사하라.

이것이 여드름 치유를 위한 가장 좋은 방법이며, 여기에 질병을 복으로 바꾸기를 바라는 하나님의 놀라운 사랑과 뜻이 있다.

10. 감기 몸살을 이기는 방안

우리가 주변에서 가장 흔하게 접하고 가장 쉽게 걸리며, 낫기도 쉬운 병이 감기 몸살이다. 병 같지도 않으면서 걸렸다 하면 두통에 고열에, 기침에, 한기에, 빙글빙글 어지럼증에 정신을 차릴 수가 없다.

쉽게 걸리고 고통스러운 만큼 치료를 위한 약과 민간요법들이 난무한 질병이다. 모든 병이 다 그렇지만 감기 몸살도 걸리지 않는 것이 제일이다. 감기 몸살에 걸리지 않으려면 몸을 무리하게 사용하면 안 된다. 아무리 강한 철로 만든 기계라도 무리하게 사용하면 고장이 나는 것과 같은 이치이다.

동양의학에서는 몸의 '기'가 '감'(減, 줄어듦)해서 몸이 살려고 노력하는 현상을 감기 몸살이라 한다. 감기 몸살의 최고의 약은 심신의 휴식이다. 그래서 감기 몸살은 약 먹으면 7일, 안 먹으면 일주일이 걸린다고 말한다.

아직 감기 바이러스를 없애는 약은 없다(감기약을 구성하는 것은 통증을 못 느끼게 하는 신경안정제와 해열제, 항생제, 수면제, 영양제 등이다). 어느 쪽을 선택할 것인가는 본인의 몫이다. 단지 바보 같은 선택을 하지 않기를 바랄 뿐이다.

감기 몸살에 걸린 사람은 대부분 본인이 왜 아픈지 잘 알고 있다. 육체적, 정신적 노동은 피하고, 충분한 휴식과 부족한 미량 원소들은 채워주어야 한다. 만병의 출발점이 감기 몸살이라는 것을 우리는 잘 알고 있다. 감기 몸살을 비롯한 그 어떤 병도 걸리지 않도록 식습관과 생활습관을 잘 관리하자.

11. 변비를 해결하는 방안

1. 변비약은 습관성이 될 수 있으니 빨리 해결하도록 노력하라.
2. 소금물 관장을 해서 장을 깨끗이 청소하라.
3. 식이섬유가 풍부한 과일과 야채를 많이 먹으라.
4. 변비를 만드는 곶감을 비롯한 육류와 인스턴트식품을 먹지 말라.

숙변이 쌓이지 않도록 장 청소를 자주 해서 장 속 오염물을 허용하지 않는 환경으로 만들어주는 것이 변비도 없애고 건강과 최고의 컨디션을 유지할 수 있는 비결이다. 거듭 밝히지만 장 청소에는 하루 한 번 이상 관장하는 것이 가장 좋다.

Tip
- **변비에 좋은 식품:** 고구마, 미역, 무, 바나나, 매실액, 산야초액
- **변비에 안 좋은 식품:** 곶감, 우유, 삼겹살, 치킨, 햄버거, 육류

12. 만성 피로를 이기는 방안

만성 피로에 시달리는 사람은 여러 가지 이유로 계속해서 피곤을 느끼고 무기력하고 의욕도 없다. 질병으로 오는 피곤은 병을 먼저 해결하는 것이 우선이고, 육체적인 노동으로 피곤한 사람은 충분한 휴식이 필요할 것이다. 정신적 스트레스나 영적인 부분은 교회나 목회자를 통하여 해결할 수 있다(간혹 더 피곤하게 하는 곳도 있다고 하니 잘 선택하라). 동양의학에서는 피가 곤한 것, 즉 피가 걸쭉해서 피의 흐름이 원활하지 못해 인체의 영양공급이나 산소공급에 문제가 생겨 몸이 무기력하고 만사가 힘든 상태를 피곤이라고 한다. 결국 피를 맑게 하고 피의 흐름을 좋게 하는 것이 만성 피로를 이기는 방안이다.

1. 냉온욕을 통해 몸을 단련하여 면역력을 높이고 기력을 증강하라.
2. 고품질의 소금을 섭취하라(정제염이나 화학염, 맛소금은 절대로 안 됨).

3. 젓갈이나 장아찌를 비롯해 음식을 짜게 먹으라.
4. 시간을 내어 조용히 눈을 감고 왜 이렇게 피곤하고 바쁘게 살아야 하는지 등 본인의 삶을 점검해 보라.
5. 매나테크의 글리코 영양소를 섭취하라.
6. 관장, 냉온욕, 된장 찜질, 참숯 찜질, 간 청소를 비롯한 금식과 해독 프로그램으로 몸과 영혼을 깨끗이 정화하라.
7. 스트레스를 즐기고 휴식과 여행으로 삶의 여유를 가지라.
8. 말씀과 기도, 찬양으로 영혼의 안식과 예배의 기쁨과 감격을 체험하라.
9. 가족과 이웃을 사랑하고 섬기며, 모든 일에 감사하라.

이것이 만성피로 치유를 위한 가장 좋은 방법이며, 여기에 질병을 복으로 바꾸기를 바라는 하나님의 놀라운 사랑과 뜻이 있다. 아등바등 죽기 살기로 살다가 병들면 본인만 서럽고 고생이다.

13. 위장병을 이기는 방안

　동물들은 병이 생기면 금식한다. 사람은 병이 들면 무조건 병원 가서 돈 내고 약부터 먹는다. 먹고 죽은 귀신이 때깔도 좋다며 먹어야 병이 낫는다고 먹기부터 한다.
　위장병을 비롯한 어떤 병이라도 20일만 제대로 금식하면 낫지 않는 병이 없다. 특히 위장병은 금식으로 위장을 비롯한 오장 육부를 쉬게 하면 이보다 더 좋은 치유법이 없다.

1. 술, 담배, 피자, 치킨, 콜라, 사이다, 햄버거, 삼겹살 등 화학조미료와 화학첨가제, 설탕으로 범벅된 인스턴트 음식과 가공식품은 먹지 말라.
2. 육식도 절대로 하지 말라.
3. 과식도 절대로 하지 말라.
4. 절대로 싱겁게 먹지 말라(모든 염증은 염분이 부족해서 생기는 것이다).

5. 젓갈이나 장아찌를 비롯해 음식을 짜게 먹으라.
6. 소식하며 편식하지 말고 영양을 골고루 섭취하라.
7. 적당한 운동이나 노동으로 땀을 흘리라.
8. 위장약을 비롯한 각종 약은 빨리 끊도록 노력하라.
9. 매나테크의 글리코 영양소를 섭취하라.
10. 관장, 냉온욕, 된장 찜질, 참숯 찜질, 간 청소를 비롯한 금식과 해독 프로그램으로 몸과 영혼을 깨끗이 정화하라.
11. 스트레스를 즐기고 휴식과 여행으로 삶의 여유를 가지라.
12. 말씀과 기도, 찬양으로 영혼의 안식과 예배의 기쁨과 감격을 체험하라.
13. 가족과 이웃을 사랑하고 섬기며, 모든 일에 감사하라.

이것이 위장병 치유를 위한 가장 좋은 방법이며, 여기에 질병을 복으로 바꾸기를 바라는 하나님의 놀라운 사랑과 뜻이 있다.

14. 불임을 해결하는 방안

2장에서 임신이 되지 않는 여러 가지 원인에 대하여 살펴볼 것을 참조하라. 결혼하여 예쁘고 건강한 아들딸을 가지려면 부부가 함께 노력해야 한다. 좋은 씨를 뿌려야 하고, 그 씨가 잘 자랄 수 있는 옥토를 만들어야 한다. 그러기 위해서는 다음의 사항들을 잘 준수해야 한다.

1. 육식(산성)을 피하고 과일과 야채의 채식(알칼리성) 위주로 식단을 바꾸라.
2. 술, 담배, 피자, 치킨, 콜라, 사이다, 햄버거, 삼겹살 등 화학조미료와 화학첨가제, 설탕으로 범벅된 인스턴트 음식과 가공식품은 먹지 말라(강산성의 체질로 변하여 임신이 되지 않는다).
3. 혈액의 흐름을 좋게 하는 생선과 견과류, 품질이 우수한 오메가3를 많이 섭취하라.

4. 절대로 싱겁게 먹지 말라(미네랄 부족으로 에너지가 연소하지 않아 비만 체형으로 변하여 임신이 어려워진다).
5. 젓갈이나 장아찌를 비롯해 음식을 짜게 먹으라(일본 양계장에서 알을 낳지 못하는 닭에게 소금을 꾸준히 먹인 결과 알을 잘 생산한 사례가 있다).
6. 소식하며 체중을 줄이라.
7. 적당한 운동이나 노동으로 땀을 흘리라.
8. 보약을 비롯한 각종 약은 신중히 섭취하라.
9. 매나테크의 글리코 영양소를 섭취하라(일본의 미마산부인과 병원의 사례는 일본을 비롯해 전 세계적으로 알려져 있다).
10. 관장, 냉온욕, 된장 찜질, 참숯 찜질, 간 청소를 비롯한 금식과 해독 프로그램으로 몸과 영혼을 깨끗이 정화하라.
11. 스트레스를 즐기고 휴식과 여행으로 삶의 여유를 가지라.
12. 말씀과 기도, 찬양으로 영혼의 안식과 예배의 기쁨과 감격을 체험하라.
13. 가족과 이웃을 사랑하고 섬기며, 모든 일에 감사하라.
14. 부부간에 신혼 때같이 뜨겁게 사랑하라. 사랑은 모든 문제를 해결하는 만능키이다.

15. 불치·난치·희귀병을 이기는 방안

원인도 모르고 해결 방법도 모르는데 사랑하는 자식이 나날이 죽어간다면 이 땅에서 이보다 더 고통스러운 일이 있을까? 당해보지 않은 사람은 모를 것이다.

믿기 어렵고 머릿속이 하얘지고 눈앞이 캄캄해지는 상황이 되면 기본으로 돌아가야 한다. 등산하다가 길을 잃었을 때 길을 찾느라 여기저기 헤매면 상황이 더 악화된다. 그때는 아는 곳까지 다시 돌아가서 새로 시작하는 것이 최선이다. 불치·난치·희귀병은 원인도 모르고 치료 방법도 모른다는 병원을 벗어나는 것이 살길이다.

인체의 구조는 누구나 똑같다. 병이 들거나 몸에 이상이 생기면 기본으로 돌아가면 된다. 원래 상태로 되돌리면 우리 몸은 모든 질병, 어떤 불치병이나 난치병도 치유되고 회복되게 만들어져 있다. 원인과 해결방안을 좀더 구체적으로 찾아가야겠지만 다음의 사항들은 기본으로 지켜야 한다.

1. 술, 담배, 피자, 치킨, 콜라, 사이다, 햄버거, 삼겹살 등 화학조미료와 화학첨가제, 설탕으로 범벅된 인스턴트 음식과 가공식품은 먹지 말라.
2. 육식도 절대로 하지 말라.
3. 과식도 절대로 하지 말라.
4. 절대로 싱겁게 먹지 말라(모든 염증은 염분이 부족해서 생기는 것이다).
5. 젓갈이나 장아찌를 비롯해 음식을 짜게 먹으라.
6. 소식하며 편식하지 말고 영양을 골고루 섭취하라.
7. 적당한 운동이나 노동으로 땀을 흘리라.
8. 각종 약은 하루속히 끊고 건강하게 살 수 있도록 노력하라.
9. 매나테크의 글리코 영양소를 섭취하라.
10. 관장, 냉온욕, 된장 찜질, 참숯 찜질, 간 청소를 비롯한 금식과 해독 프로그램으로 몸과 영혼을 깨끗이 정화하라.
11. 스트레스를 즐기고 휴식과 여행으로 삶의 여유를 가지라.
12. 말씀과 기도, 찬양으로 영혼의 안식과 예배의 기쁨과 감격을 체험하라.
13. 가족과 이웃을 사랑하고 섬기며, 모든 일에 감사하라.

이것이 불치·난치·희귀병 치유를 위한 가장 좋은 방법이며, 여기에 질병을 복으로 바꾸기를 바라는 하나님의 놀라운 사랑과 뜻이 있다.

16. 건강한 사람들의 공통점

1. 아파도 병원에 잘 가지 않는다.
2. 아파도 약을 잘 먹지 않는다.
3. 성격이 원만하고 잘 웃는다.
4. 육류보다 신선한 생선을 많이 먹는다.
5. 채식과 과일을 좋아한다.
6. 자기 몸에 맞는 적당한 운동을 한다.
7. 자기만의 건강 관리를 하고 있다.
8. 살이 찌지 않는 몸매를 유지한다.
9. 삶의 방식이나 사고가 긍정적이며 멋있다.
10. 육식을 좋아하지 않는다(육식을 좋아하는데 건강한 사람은 조금만 더 지나보면 알게 된다).
11. 신앙심이 깊다(아니면 가짜 믿음일 가능성이 많다).
12. 술, 담배를 하지 않는다.

13. 적당한 휴식을 즐긴다.
14. 목욕이나 샤워를 즐긴다.
15. 피부가 맑고 깨끗하고 청결하다.
16. 열심히 일한다.
17. 경제적으로 부유하고 여유가 있다.
18. 짜고 매운 음식을 좋아한다.
19. 가공식품이나 인스턴트식품을 잘 먹지 않는다.

17. 완전한 건강

　육체만 건강하다고 해서 완전히 건강한 것은 아니다. 육체의 건강이 오히려 자신을 망치는 경우를 우리는 매스컴을 통하여 너무나 많이 접하고 있다.
　육체의 넘치는 힘을 절제하지 못해 죄를 짓고 주변 사람들에게 피해만 주는 사람은 차라리 아파서 움직이지 못하는 것이 자신에게 득이 될 수도 있다. 육체의 건강과 힘은 자신의 발전 및 이웃과 가족, 세상을 섬기는 일에 사용하고, 그것에 대해 날마다 하나님께 감사하며 살아야 한다.
　육체보다 더 건강해야 하는 것이 혼(魂, 정신)이다. 육체의 건강보다 수천 배 더 중요하다. "저 사람은 생긴 건(육체는) 멀쩡한데 정신 상태가 썩어 빠졌어." 이 말은 육체의 건강보다 그 사람의 정신 상태, 즉 마음가짐이 훨씬 더 중요하다는 것이다. 육체의 건강에 대해서는 앞부분에서 입이 닳도록 언급하였기에 이젠 그 중요성을 충분히 이해했을 것이다.

혼의 건강을 위해서는 마음의 양식을 공급해야 한다. 좋은 책을 많이 읽고, 좋은 강연도 많이 듣고, 좋은 친구도 많이 사귀고, 아름다운 곳을 찾아 여행도 하고, 연극이나 영화, 음악회 등 문화 활동과 사회활동에도 적극적으로 참여하면서 건강한 삶을 살아야 한다.

완전한 건강에 대해 이것이 전부라고 생각하는 분도 있을 것이다. 그러나 완전한 건강은 육(肉)과 혼(魂)은 물론 영(靈)의 건강만 생각한다. 세상의 모든 종교, 철학, 사상, 이념들은 혼(魂)의 건강까지가 대부분이다.

영의 건강은 오직 하나님을 제대로 아는 것, 하나님 말씀을 믿고 하나님만 예배하고 찬양하고 기뻐하는 것에서 온다. 영의 건강을 위해서는 자신의 영이 어디에 속해 있는지가 가장 중요하다.

어릴 적 마을 놀이터에서 동무들과 딱지치기, 땅따먹기, 구슬치기에 빠져 해지는 줄 모르고 놀고 있다가 멀리서 아버지가 손짓하며 큰 소리로 "아들아~! 이제 어두워지니까 돌아와!" 하고 부르면 각자

자기의 집으로 돌아간다. 이렇듯 우리 인생은 딱지(지폐) 모으기, 땅(부동산) 따먹기, 구슬치기(보석 모으기)를 하느라 해지는 줄 모르고 살다가 하나님 아버지가 부르시면 그동안 모아놓은 것 전부 다 버리고 아버지 집으로 가는 것이다. 자기 아버지가 하나님이면 천국으로, 사탄, 마귀이면 지옥으로 가는 것이다.

"영접하는 자 곧 그[하나님, 예수 그리스도] 이름을 믿는 자들에게는 하나님의 자녀가 되는 권세를 주셨으니"(요 1:12).

완전한 건강, 영원한 건강은 하나님을 믿고 그 말씀대로 살다가 아버지 집, 천국으로 가는 것이다.

"사랑하는 자여 네 영혼이 잘됨같이 네가 범사에 잘되고 강건하기를 내가 간구하노라"(요삼 1:2).

영, 혼, 육의 순서대로 건강한 것이 완전한 건강의 비결이고 진리이다. 인간을 창조한 하나님의 목적과 사용설명서대로 사는 것이 가장 건강하고 복된 인생, 복된 영혼이다.

5장

질병을 뛰어넘어

모든 문제에는 출제자의 의도와 뜻이 있다. 그래서 그 문제를 통해 그 의도를 깨닫고 알고 고치고 대응하는 힘을 기르는 것이다. 질병은 그런 의미에서 많은 메시지를 담고 있다.

첫째는 잘못된 식습관과 생활습관을 고쳐야 한다는 강력한 몸의 메시지이다. 둘째는 삶을 돌이켜보고 삶에서 정말로 중요한 것을 깨달아야 한다는 하나님의 애절한 메시지이다.

이 두 가지를 깨닫지 못한다면 질병의 고통은 영원히 끝나지 않을 것이다. 다시 한번 간곡히 부탁하는데, 반드시 자신들의 식습관과 생활습관을 점검해 보라(책 뒤쪽 건강관리를 위한 설문지 참조). 그리고 인생 최고의 가치를 어디에 두고 살아가고 있는지 자문자답해 보라. 돈, 명예, 쾌락, 선과 악, 무지와 지혜, 사랑과 증오, 사탄과 하나님 등 영혼의 현 위치와 소속을 점검해 보라.

이번이 하나님께서 주시는 마지막 기회일지도 모른다.

1. 용서

성경에 이런 내용이 있다. '형제(이웃)와 다투었거든 예배하기 전에 먼저 형제와 화해하라.' 나에게 잘못한 사람을 몇 번이나 용서해야 하느냐고 제자들이 물어보았을 때 예수님께서는 일흔 번씩 일곱 번이라도 용서하라고 하셨다(마 18:22).

"아무에게나 혐의가 있거든 용서하라 그리하여야 하늘에 계신 너희 아버지도 너희 허물을 사하여 주리라 하셨더라"(막 11:25).

마음에 화(분노)를 담고 있으면 본인만 손해다. 불을 가슴속에 담고 있으면 누가 그 불에 화상을 입을까? 당연히 불을 가진 사람이 화(상)를 입는다. 자기만 괴롭고, 자기만 아프고, 자기만 손해이다.

그런데 사람들은 모른다. 자기가 화를 내고 분노하고 증오하고 미워하면, 상대방이 매우 고통스러워할 줄 아는데 전혀 그렇지 않다.

혹시 자신의 질병이 화로 인해 온 것은 아닌지 점검해 보고, 그렇다면 조용히 눈을 감고 기도하라. 나를 화나게 한 사람을 용서할 수 있는 힘을 달라고, 더는 그 사람 때문에 상처받지 않게 해달라고, 그 영혼을 불쌍히 여겨달라고, 관계가 회복되고 문제가 해결되게 해달라고….

용서가 우리의 질병을 치유하는 지름길이다.

다른 사람을 용서할 수 없는가?
예수님께서 당신을 용서하셨다.

2. 사랑

이 세상에서 우리를 가장 행복하게 하는 단어가 '사랑'이다.
이 세상에서 우리를 가장 기쁘게 하는 단어가 '사랑'이다.
이 세상에서 가장 듣고 싶어 하는 단어가 '사랑해'이다.
이 세상에서 가장 표현하기 부족한 단어가 '사랑'이다.
이 세상에서 가장 좋은 약은 '사랑의 알약'이다.
이 사랑의 알약은 많이 먹을수록, 많이 나눠줄수록 좋다.
이 세상을 사랑의 알약으로 중독시키자! 예수님처럼, 하나님처럼!

"하나님이 세상을 이처럼 사랑하사 독생자를 주셨으니 이는 저를 믿는 자마다 멸망치 않고 영생을 얻게 하려 하심이라"(요 3:16).

"새 계명을 너희에게 주노니 서로 사랑하라 내가 너희를 사랑한 것[우리 죗값을 대신해 십자가에서 죽기까지] 같이 너희도 서로 사랑하라"(요 13:34).

"내가 사람의 방언과 천사의 말을 할찌라도 사랑이 없으면 소리 나는 구리와 울리는 꽹과리가 되고 내가 예언하는 능이 있어 모든 비밀과 모든 지식을 알고 또 산을 옮길 만한 모든 믿음이 있을 찌라도 사랑이 없으면 내가 아무것도 아니요, 내가 내게 있는 모든 것으로 구제하고 또 내 몸을 불사르게 내어 줄찌라도 사랑이 없으면 내게 아무 유익이 없느니라 사랑은 오래 참고 사랑은 온유하며 투기하는 자가 되지 아니하며 사랑은 자랑하지 아니하며 교만하지 아니하며 무례히 행치 아니하며 자기의 유익을 구치 아니하며 성내지 아니하며 악한 것을 생각지 아니하며 불의를 기뻐하지 아니하며 진리와 함께 기뻐하고 모든 것을 참으며 모든 것을 믿으며 모든 것을 바라며 모든 것을 견디느니라...그런즉 믿음, 소망, 사랑, 이 세 가지는 항상 있을 것인데 그중에 제일은 사랑이라"(고전 13장).

사랑보다 좋은 명약은 없다.
늦기 전에 많이 사랑하고, 또 많이 사랑받자.

3. 섬김

사람은 큰일을 한 번 겪고 나면 크게 달라진다. 특히 중병에 걸려 시한부 인생을 살고 있거나 치유되고 회복된 사람들은 대부분 가치관, 인생관, 세계관, 종교관을 비롯해 과거에 중요하게 생각하던 것들에 큰 변화가 일어난다.

힐링시대 건강 디자인으로 건강을 회복한 사람들은 남은 삶을 봉사하고 다른 사람을 섬기면서 살기로 결단하는 경우가 많다. 한마디로 덤으로 사는 인생이기에 가족과 사회와 국가와 하나님을 위해서 살겠다는 것이다.

받기만 하는 사람은 주는 기쁨을 모른다. 섬김을 받는 사람은 섬기는 사람의 행복을 모른다. 이제부터라도 섬기고 봉사하고 나누는 기쁨을 누려보라.

예수님처럼 다른 사람의 발을 씻어주고, 테레사 수녀처럼 빈민촌에 들어가지는 않더라도, 가족과 가까운 이웃들에게 사랑의 문자라도 보내고 따뜻한 밥 한 끼라도 대접해 보라. 새로운 정(情)도 생기고, 보람도 느끼고, 질병 치유와 건강에도 도움이 될 것이다.

4. 감사

"범사에 감사하라 이는 그리스도 예수 안에서 너희를 향하신 하나님의 뜻이니라"(살전 5:18).

아픈 것까지도 감사하라. 부모와 형제, 모든 이웃에게 감사하라. 그것이 하나님의 뜻이고 살길이다.

5. 말씀

"나는 너희를 치료하는 여호와임이니라"(출 15:26).

"저물매 사람들이 귀신들린 자를 많이 데리고 예수께 오거늘 예수께서 말씀으로 귀신들을 쫓아내시고 병든 자를 다 고치시니 이는 선지자 이사야로 하신 말씀에 우리 연약한 것을 친히 담당하시고 병을 짊어지셨도다 함을 이루려 하심이더라"(마 8:16-17).

"저가 그 말씀을 보내어 저희를 고치사 위경에서 건지시는도다"(시 107:20).

"그가 찔림은 우리의 허물을 인함이요 그가 상함은 우리의 죄악을 인함이라 그가 징계를 받음으로 우리가 평화를 누리고 그가 채찍에 맞음으로 우리가 나음을 입었도다"(사 53:5).

"두려워 말라 내가 너와 함께함이니라 놀라지 말라 나는 네 하나님이 됨이니라 내가 너를 굳세게 하리라 참으로 너를 도와주리라 참으로 나의 의로운 오른손으로 너를 붙들리라"(사 41:10).

"수고하고 무거운 짐 진 자들아 다 내게로 오라 내가 너희를 쉬게 하리라"(마 11:28).

"환난 날에 나를 부르라 내가 너를 건지리니 네가 나를 영화롭게 하리로다"(시 50:15).

"내가 죽이기도 하며 살리기도 하며 상하게도 하며 낫게도 하나니 내 손에서 능히 건질 자 없도다"(신 32:39).

"평안을 너희에게 끼치노니 곧 나의 평안을 너희에게 주노라 내가 너희에게 주는 것은 세상이 주는 것 같지 아니하니라 너희는 마음에 근심도 말고 두려워하지도 말라"(요 14:27).

"예수께서 가라사대 딸아 네 믿음이 너를 구원하였으니 평안히 가라 네 병에서 놓여 건강할찌어다"(막 5:34).

"그 아이의 손을 잡고 가라사대 달리다굼 하시니 번역하면 곧 소녀야 내가 네게 말하노니 일어나라[죽음에서 살아나라] 하심이라"(막 5:41).

"하늘을 우러러 탄식하시며 그에게 이르시되 에바다 하시니 이는 열리라는 뜻이라 그의 귀가 열리고 혀의 맺힌 것이 곧 풀려 말이 분명하더라"(막 7:34-35).

"예수께서 이르시되 할 수 있거든이 무슨 말이냐 믿는 자에게는 능치 못할 일이 없느니라 하시니"(막 9:23).

"내가 진실로 진실로 너희에게 이르노니 나를 믿는 자는 나의 하는 일을 저도 할 것이요 또한 이보다 큰 것도 하리니 이는 내가 아버지께로 감이니라"(요 14:12).

"태초에 말씀이 계시니라 이 말씀이 하나님과 함께 계셨으니 이 말씀은 곧 하나님이시라 그가 태초에 하나님과 함께 계셨고 만물이 그로 말미암아 지은 바 되었으니 지은 것이 하나도 그가 없이는 된 것이 없느니라 그 안에 생명이 있었으니 이 생명은 사람들의 빛이라"(요 1:1-4).

예수님께서는 말씀이시고, 빛이시고, 생명이시고, 구원이시고, 영생이시다. 또한 질병을 다스리시고, 고치시고, 회복시켜 주시는 능력의 하나님이시다. 이 말씀들을 믿고 암송하면서 기도하라. 놀라운 기적이 당신의 것이 될 것이다. 예수 그리스도 그분이 알파와 오메가 곧 처음과 끝이시며 전부이시다.

6. 찬양

"하나님의 부리신 악신이 사울에게 이를 때에 다윗이 수금을 취하여 손으로 탄즉 사울이 상쾌하여 낫고 악신은 그에게서 떠나더라"(삼상 16:23).

"내 영혼아 여호와를 송축하라 내 속에 있는 것들아 다 그 성호를 송축하라 내 영혼아 여호와를 송축하며 그 모든 은택을 잊지 말찌어다 저가 네 모든 죄악을 사하시며 네 모든 병을 고치시며 네 생명을 파멸에서 구속하시고 인자와 긍휼로 관을 씌우시며 좋은 것으로 네 소원을 만족케 하사 네 청춘으로 독수리같이 새롭게 하시는도다"(시 103:1-5).

"내 영혼아 네가 어찌하여 낙망하며 어찌하여 내 속에서 불안하여 하는고 너는 하나님을 바라라 그 얼굴의 도우심을 인하여 내가 오히려 찬송하리로다"(시 42:5).

"주의 집에 거하는 자가 복이 있나이다 저희가 항상 주를 찬송하리이다"(시 84:4).

"온 땅이여 여호와께 즐거이 부를찌어다 기쁨으로 여호와를 섬기며 노래하면서 그 앞에 나아갈찌어다"(시 100:1-2).

웃음이 질병 치유(치료가 아님)에 좋다는 것은 잘 알고 있을 것이다. 그런데 웃음보다도 수십 배 더 치유 효과가 있는 것이 찬양이다.
찬양을 많이 하면 마음이 맑아지고 영혼이 깨끗해진다.
찬양을 많이 하면 호흡을 많이 하게 되어 산소 대사가 활발해진다.
찬양을 많이 하면 기쁨이 충만해지고 감사가 넘친다.
이 말씀들처럼 찬양을 많이 하는 사람들에게 하나님께서 치유하고 회복시켜 주겠다고 약속하셨다.

7. 기도

"이르시되 기도 외에 다른 것으로는 이런 유가 나갈 수 없느니라 하시니라"(막 9:29).

"너희 중에 병든 자가 있느냐 저는 교회의 장로들을 청할 것이요 그들은 주의 이름으로 기름을 바르며 위하여 기도할찌니라 믿음의 기도는 병든 자를 구원하리니 주께서 저를 일으키시리라 혹시 죄를 범하였을찌라도 사하심을 얻으리라 이러므로 너희 죄를 서로 고하며 병 낫기를 위하여 서로 기도하라 의인의 간구는 역사하는 힘이 많으니라"(약 5:14-16).

"여호와여 나의 기도를 들으시며 나의 부르짖음에 귀를 기울이소서 내가 눈물 흘릴 때에 잠잠하지 마옵소서…주는 나를 용서하사 내가 떠나 없어지기 전에 나의 건강을 회복시키소서"(시 39:12-13).

"여호와께서 쇠약한 병상에서 저를 붙드시고 저의 병중 그 자리를 다 고쳐 펴시나이다 내가 말하기를 여호와여 나를 긍휼히 여기소서 내가 주께 범죄하였사오니 내 영혼을 고치소서 하였나이다"(시 41:3-4).

"다윗의 하나님 여호와께서 이같이 말씀하시기를 내가 네 기도를 들었고 네 눈물을 보았노라"(사 38:5).

"주여 사람이 사는 것이 이에 있고 내 심령의 생명도 온전히 거기 있사오니 원컨대 나를 치료하시며 나를 살려주옵소서"(사 38:16).

"여호와의 말씀이 내가 네 기도를 들었고 네 눈물을 보았노라 내가 너를 낫게 하리니 네가 삼 일 만에 여호와의 전에 올라가겠고 내가 네 날을 십오 년을 더할 것이며"(왕하 20:5-6).

"지금까지는 너희가 내[예수 그리스도] 이름으로 아무것도 구하지 아니하였으나 구하라 그리하면 받으리니 너희 기쁨이 충만하리라"(요 16:24).

"그러므로 내가 너희에게 말하노니 무엇이든지 기도하고 구하는 것은 받은 줄로 믿으라 그리하면 너희에게 그대로 되리라"(막 11:24).

"너희가 기도할 때에 무엇이든지 믿고 구하는 것은 다 받으리라 하시니라"(마 21:22).

"아무것도 염려하지 말고 오직 모든 일에 기도와 간구로, 너희 구할 것을 감사함으로 하나님께 아뢰라 그리하면 모든 지각에 뛰어난 하나님의 평강이 그리스도 예수 안에서 너희 마음과 생각을 지키시리라"(빌 4:6-7).

"기도를 항상 힘쓰고 기도에 감사함으로 깨어 있으라"(골 4:2).

"항상 기뻐하라 쉬지 말고 기도하라 범사에 감사하라 이는 그리스도 예수 안에서 너희를 향하신 하나님의 뜻이니라"(살전 5:16-18).

하나님께 기도할 수 있는 사람은 엄청난 행운아이다.
하나님께 드리는 기도보다 더 강력한 무기는 없다.
하나님께 드리는 기도는 우리의 어떤 문제든 다 열 수 있는 만능키이다. 하나님께 기도하고 그 능력을 직접 체험해 보라.
기적의 주인공이 될 것이다.

8. 믿음
– 진시황제가 그토록 원했던 '영생' 얻기

"그 이름을 믿으므로 그 이름이 너희 보고 아는 이 사람을 성하게 하였나니 예수로 말미암아 난 믿음이 너희 모든 사람 앞에서 이같이 완전히 낫게 하였느니라"(행 3:16).

"믿는 자들에게는 이런 표적이 따르리니 곧 저희가 내 이름으로 귀신을 쫓아내며 새 방언을 말하며 뱀을 집으며 무슨 독을 마실찌라도 해를 받지 아니하며 병든 사람에게 손을 얹은즉 나으리라 하시더라" (막 16:17-18).

"하나님이 세상을 이처럼 사랑하사 독생자[예수 그리스도]를 주셨으니 이는 저를 믿는 자마다 멸망치 않고 영생을 얻게 하려 하심이니라" (요 3:16).

"다른 이로서는 구원을 얻을 수 없나니 천하 인간에 구원을 얻을 만한 다른 이름을 우리에게 주신 일이 없음이니라 하였더라"(행 4:12).

"영접하는 자 곧 그 이름을 믿는 자들에게는 하나님의 자녀가 되는 권세를 주셨으니"(요 1:12).

"사람이 마음으로 믿어 의에 이르고 입으로 시인하여 구원에 이르느니라"(롬 10:10).

"내가 진실로 진실로 너희에게 이르노니 내 말을 듣고 또 나 보내신 이를 믿는 자는 영생을 얻었고 심판에 이르지 아니하나니 사망에서 생명으로 옮겼느니라"(요 5:24).

"아들[예수 그리스도]을 믿는 자는 영생이 있고 아들을 순종치 아니하는 자는 영생을 보지 못하고 도리어 하나님의 진노가 그 위에 머물러 있느니라"(요 3:36).

"진실로 진실로 너희에게 이르노니 사람이 내 말을 지키면 죽음을 영원히 보지 아니하리라"(요 8:51).

"내가 저희에게 영생을 주노니 영원히 멸망치 아니할 터이요 또 저희를 내 손에서 빼앗을 자가 없느니라"(요 10:28).

"예수께서 가라사대 나는 부활이요 생명이니 나를 믿는 자는 죽어도 살겠고 무릇 살아서 나를 믿는 자는 영원히 죽지 아니하리니 이것을 네가 믿느냐"(요 11:25-26).

사람은 누구나 오래 살기를 원한다. 아니 오래 사는 것에서 더 나아가 할 수만 있으면 영원히 살기를 원한다. 그래서 중국의 진시황제는 불로초를 찾아 헤맸지만, 전승에 의하면 40대를 넘기지 못하고 죽었다고 한다.

성경 전도서 3장 11절 "하나님이 모든 것을 지으시되 때를 따라 아름답게 하셨고 또 사람에게 영원을 사모하는 마음을 주셨느니라"라는 말씀처럼 인간은 영원을 사모하고 영원히 살기를 원한다.

믿기 어려울지도 모르겠지만, 성경에 의하면 분명히 인간은 자신들이 원하는 대로 영원히 살도록 만들어졌다. 문제는 어디에서 영원히 사느냐이다. 지옥에서 영원히 고통스럽게 사느냐, 아니면 천국에서 영원히 행복하게 사느냐가 중요하다는 것이다.

이 땅에서 건강하고 행복하게 사는 것도 정말 중요하지만, 그 삶은 길어봤자 100년을 넘지 못한다. 이 땅에서의 100년에 비해 영원이라는 시간은 너무나 길어서 측량할 수조차 없기에 우리는 그 영원을 준비하지 않을 수가 없다.

'영원이 어디 있고, 내세가 어디 있고, 천국이 어디 있고, 지옥이 어디 있어!'라며 흥분할지도 모르겠지만, 아무 준비 없이 막상 죽었는데 진짜로 천국과 지옥이 있어서 영원히 지옥에서 산다면 얼마나 고통스럽고 후회스럽겠는가?

예를 들어 어떤 학생이 미국 하버드 대학이 좋다는 소문을 듣고 그 대학에 가기 위해 열심히 공부하고 준비해서 들어갔다면, 그보다 더 좋은 일은 없다. 반면 열심히 공부하며 준비했는데 막상 시험을 보려고 미국에 가보니 그런 대학이 없었다고 가정하면 그 학생이 손해 본 것은 과연 무엇일까? 오히려 그 대학에 들어가려고 노력하는 중에 실력이 엄청나게 좋아졌을 뿐이다.

이는 천국과 지옥의 실재를 믿고 준비하며 열심히 살다가 진짜 천국에 가게 되어 엄청난 행복을 영원히 누리게 되는 것과 같다. 그런 것이 어디 있느냐며 믿지 않고 살다가 죽었는데 막상 가보니 진짜 천국과 지옥이 있다면 얼마나 후회하며 영원히 고통 속에서 살겠는가?

어린아이와 같은 순전한 믿음을 가져보라.

우리는 남극이나 북극에 가본 적은 없지만, 남극이나 북극이 있다는 것을 책을 통하여 알고 있고, 눈에 보이지는 않지만 나무가 흔들리고 휴대폰으로 통화가 되는 것을 보며 공기가 존재하고 전파가 있다는 것을 알 수 있다. 이처럼 성경을 통하여 천국이 있고 지옥이 분명히 있음을 믿어야 한다.

우리는 자신의 의지와는 아무 상관 없이 엄마 뱃속에 열 달을 있다가 세상에 나왔다. 이 세상에서 길어봤자 100년 내외로 살다가 또 자신의 의지와는 아무 상관 없이 영원한 세상인 천국과 지옥으로 가는 것이다. 믿거나 말거나가 아니고, 믿으면 천국이고 밑져봤자 본전이다. 그래서 지금부터 진시황제가 그렇게도 찾던 불로초, 아니 영원히 천국에서 사는 방법을 알려드리고자 한다. 바로 '예수 그리스도를 믿고 마음속에 영접(모시고 환영하고 감사하는 것)하면 된다. 그렇다면 예수님을 믿는

다는 것은 무엇을 믿는다는 것인가?

믿음의 내용은 다음과 같다.

① 하나님께서 천지 만물을 창조하셨다.
하나님께서는 우리를 너무나 사랑하셔서 우리를 위해 천지 만물을 창조하시고(창 1장) 아름다운 에덴동산에서 행복하고 기쁨이 넘치는 삶을 살도록 하셨다(창 2:8).
그런데 왜 인간들은 이런 행복을 계속 누리지 못하고 고통 속에서 신음하며 살고 있을까?

② 인간은 죄인이다.
그것은 인간의 욕심과 탐심이 도를 넘어 창조주 하나님의 영역까지 침범하며 높아지기를 원하여 선악과를 따 먹는 범죄에까지 이르러 하나님과 분리되었기 때문이다. 죄의 결과로 땅은 저주를 받아 엉겅퀴와 가시를 내게 되었고, 사람에게는 힘든 노동과 질병과 고통이 지워졌다. 그리고 그것은 지금까지 이어져 우리 또한 온갖 더러운 죄를 저지르며 이루 말할 수 없는 삶의 문제들 속에서 살다가 죽어가는 것이다.

그래서 로마서 6장 23절에 "죄의 삯은 사망"이라고 말하고 있고, 로마서 3장 23절에서는 "모든 사람이 죄를 범하였으매 하나님의 영광에 이르지 못하더니"라고 말씀한다.

사람들은 이러한 인생의 문제를 해결해 보려고 선행과 고행, 수행을 하기도 하고, 과학이나 철학이나 학문을 의지하기도 하고, 수많은 종교를 통해 온갖 방법을 동원하기도 했지만, 그 무엇도 죄의 문제를 해결하지 못했다.

그러면 어떻게 해야 이 죄의 문제를 해결할 수 있을까?

③ 예수님께서 우리의 죄를 해결해 주셨다.

예수님께서 인류의 죄를 해결해 주시기 위하여 하늘 영광을 버리고 이 땅에 오셨다. 오직 예수 그리스도만이 우리의 죄를 해결해 주시고, 영원한 생명과 삶의 행복을 주실 수 있는 분이시다. 예수 그리스도는 우리의 죄를 대신하여 십자가에서 피 흘려 죽으시고 부활하심으로 죄의 문제를 해결하셨다.

성경 이사야 53장에 "그가 찔림은 우리의 허물을 인함이요 그가 상함은 우리의 죄악을 인함이라 그가 징계를 받음으로 우리가 평화를 누리고 그가 채찍에 맞음으로 우리가 나음을 입었도다"라고 기록되어 있다. 또한 요한복음 11장 25절에서는 "예수께서 가라사대 나는 부활이요 생명이니 나를 믿는 자는 죽어도 살겠고"라고 말씀하고 있다.

"다른 이로서는 구원을 얻을 수 없나니 천하 인간에 구원을 얻을 만한 다른 이름을 우리에게 주신 일이 없음이니라 하였더라"(행 4:12)라는 말씀처럼 오직 예수 그리스도를 통해서만 하나님께서 주시는 영원한 생명과 삶의 진정한 행복을 얻을 수 있다.

④ 예수님께서 장차 재림하셔서 우리를 천국으로 인도해 주실 것이다.

하나님께서는 천지 만물을 만드신 창조주시고 우리 생사화복의 주관자이시다. 예수님은 우리 죄를 대신해 십자가에 달려 죽으시고,

삼 일 만에 부활하시고, 장차 만 왕의 왕이자 심판주로 재림해 우리를 천국(웃기는 소리라며 믿지 않는 이들은 영원한 멸망과 고통만 있는 지옥)으로 인도해 주실 분이다. 이 모든 것을 믿고 예수 그리스도를 자신의 주인으로 모셔들이면 영원한 하나님의 생명인 구원(영생)을 얻을 수 있다.

요한복음 3장 16절의 "하나님이 세상을 이처럼 사랑하사 독생자를 주셨으니 이는 저를 믿는 자마다 멸망치 않고 영생을 얻게 하려 하심이니라"라는 말씀을 믿고 예수 그리스도를 영접하면 인생의 모든 문제와 죽음에서 구원받고 영생을 얻게 된다.

하나님께서는 요한복음 1장 12절을 통하여 "영접하는 자 곧 그 이름을 믿는 자들에게는 하나님의 자녀가 되는 권세를 주셨으니"라고 약속하고 계신다. 예수님을 믿고 영접하는 방법은 이 믿음의 내용을 진심으로 믿고 입으로 소리 내어 시인하는 것이다.

로마서 10장 10절에서 "사람이 마음으로 믿어 의에 이르고 입으로 시인하여 구원에 이르느니라"라고 말씀하고 있듯이, 다음의 내용대로 진심으로 소리 내어 기도하면 예수님을 구주로 영접할 수 있다.

"예수님, 저는 죄인입니다. 어디에서 와서 무엇 때문에 살며 어디로 가는지 알지 못하고 방황했습니다. 예수님 십자가의 보혈로 저를 씻어주옵시고 저의 죄를 용서하여 주옵소서. 저를 위하여 죽으시고 부활하신 예수님을 저의 구세주로 저의 주인으로 모셔들입니다(영접). 지금부터 천국 갈 때까지 저를 인도하여 주옵소서. 저를 죄와 사망에서 구원해 주시니 감사합니다.

예수님의 이름으로 기도드립니다. 아멘!"

예수님을 진심으로 믿고 영접했다면 이제 천국 시민이 된 것이다. 이젠 나 같은 죄인을 위하여 십자가에 죽으시기까지 나를 사랑해 주시고, 하나님의 자녀 삼아 주시고, 천국에서 영원히 살 수 있는 존재로 바꾸어 주심에 감사하게 될 것이다. 그리고 하나님을 찬양하고 예배하는 삶을 통해 이 땅에서도 천국 영생의 삶을 누리고 체험하고, 전하는 복된 인생, 복된 영혼이 될 뿐 아니라, 장차 죽음 이후에도 눈물도, 슬픔도, 아픔도, 죽음도 없는 천국에서 영원히 찬양하며 행복하게, 기쁘게, 즐겁게 살게 될 것이다. 하나님의 자녀 된 것, 영생을 소유하게 된 것을 진심으로 축하드린다.

"평강의 주께서 친히 때마다 일마다 너희에게 평강을 주시기를 원하노라 주는 너희 모든 사람과 함께하실찌어다"(살후 3:16).

"주 예수 그리스도의 은혜와 하나님의 사랑과 성령의 교통하심이"(고후 3:13) 이 책을 읽는 모든 독자의 건강과 사명과 믿음 위에 항상 함께 있을지어다!

9. 인간 사용설명서대로, 금식과 해독으로
- 일주일에서 수개월 안에 모든 질병은 치유될 수 있다

지금까지 살펴본 대로 인간을 창조하시고 생사화복을 주관하시는 하나님이 주신 인간 사용설명서를 통하여 각자 질병의 발병 원인을 찾아내고, 금식, 소금물 관장, 소금 섭취, 냉·온욕, 참숯 찜질, 된장 찜질, 장 청소, 간 청소, 삼림욕, 영양 조절, 적당한 운동, 능력의 말씀과 찬양과 기도로 질병을 치유할 경우, 짧게는 일주일 전후, 길어도 수개월 정도면 고혈압, 당뇨, 아토피, 각종 암, 어떤 불치·난치·희귀 질병도 치유될 수 있다.

맺음말

고장 난 자동차는 자동차 제조회사 A/S 센터로,
고장 난 컴퓨터는 컴퓨터 제조회사 A/S 센터로,
고장 난 몸, 병든 몸은 병원이나 약국이 아니라
인간을 창조한 하나님의 사용설명서대로!

창조주 하나님께서 인체 사용설명서로 만든 성경에 우리의 살길을 열어 놓으셨습니다. 하나님께서 자기의 형상대로 만드신 걸작 중의 걸작인 우리 몸속에 병이 들더라도 스스로 치유할 수 있는 신묘막측(神妙幕側)하고 놀라운 자연치유력을 주셨습니다. 우리가 숨 쉬며 사는 산천초목 대자연 속에 어떤 질병도 해결할 수 있는 약초들과 먹을거리를 주심으로 살길을 베풀어 놓으셨습니다.

이렇게 우리에게 살길을 베풀어 주신 하나님께 감사하고 찬양하고 예배하며 영광 돌리는 것이 우리의 본분이며 행복이자 기쁨입니다. 우리가 본분을 지킬 때 어떤 질병도 얼씬거리지 못할 것입니다. 설사 병이 들었다고 해도 하나님께서 고쳐주신다는 것이 저의 믿음이며 이 책의 결론입니다.

평생 약을 먹고 의료보험 카드에 도장 찍으며 고통스럽게 살아가시겠습니까, 아니면 창조 때의 모습으로 바꾸어 본분을 지키며 건강하게 사시겠습니까?

이 책을 통하여 병원이나 그 어디에서도 해결할 수 없는 질병들을 아주 쉽고 간단하게 해결할 수 있는 비법을 살펴보았습니다. 아프지도 않고, 병들지도 않고, 혹 병이 들더라도 우리 몸 스스로 해결하고 치유하게 하는 방법을 말씀드렸습니다. 의료보험 카드가 필요 없고, 약이나 의사, 약사, 병원과도 평생 상관없이 살 수 있는 방안을 설명해 드렸습니다. 아울러 영원히 죽지 않고, 눈물도, 슬픔도, 고통도 없는 천국에서 영원히 행복하게, 기쁘게 사는 방법까지 알려드렸습니다.

이제 선택은 여러분의 것입니다.
믿거나 말거나가 아니고
믿으면 치유, 안 믿으면 사망,
믿으면 영생, 안 믿으면 멸망,
믿으면 축복, 안 믿으면 저주,
믿으면 행복, 안 믿으면 불행,
믿으면 건강, 안 믿으면 질병입니다.
물론 믿고, 안 믿고는 여러분의 선택입니다.

인간은 너무 크거나 작은 것은 볼 수도 들을 수도 없도록 하나님께서 만들어 놓으셨기에, 학습하고 교육받고 훈련한 것 이상은 도무지 받아들이지 않으려는 습성이 있습니다.

하지만 세상에는 우리가 이해하고 받아들이기 어려운 내용이 우리가 아는 것보다 훨씬 많습니다. 이렇게 큰 지구가 돌아가는 소리를 인간이 들으면 고막이 찢어져 살 수 없기에 인식하지 못하게 해

놓은 것처럼, 이 책에 기록해 놓은 것들이 아주 간단하고 단순하고 시시해 보일 수도 있겠지만, 열린 마음으로 받아들이고 실천해보면, 매일매일 인체와 성경에 대해 놀라운 체험을 하게 될 것이라고 확신합니다.

치유는 병원이나, 의사나, 약국에서 말하는 것처럼 어렵고 복잡한 것이 아니라 단순하게 우리 옆에, 우리 몸속에 있습니다.

하나님이 주신 인간 사용설명서대로 금식과 해독으로 치유되고 회복되어 건강하고 활기 넘치는 삶과 영혼이 되시기를 축복하며 기도합니다.

감사합니다. 사랑합니다.

건강관리와 해독을 위한 설문 1

현재 당신의 식습관과 생활습관을 통하여 나타나는 여러 가지 증세를 바탕으로 당신의 건강을 체크해 보는 설문지입니다. 성의껏 작성해 보시면 당신의 건강 상태를 파악해 보시는 데 도움이 될 것입니다.

심각한 자각 증세를 느끼신다면 저자에게 연락해주십시오. 성심껏 도와드리겠습니다.(연락처: 010-5000-9705)

성명			
생년월일			나이 :
혈액형			
결혼 여부	미혼 □	기혼 □	
신장			체중 :
직업			

규칙적으로 식사를 하십니까?		예 □	아니오 □
아침 식사를 하십니까?		예 □	아니오 □
식습관 유형은?	소식형 □	과식형 □	폭식형 □
	스트레스 해소형 □		불규칙형 □
좋아하는 식단은?		야채류 □	생선류 □
		육류 □	과일류 □

좋아하는 식사 타입은?		한식 ☐	일식 ☐
		중식 ☐	양식 ☐
하루에 물은 얼마나 마십니까?		잘 안마신다 ☐	두세 잔 ☐
		1리터 ☐	2리터 이상 ☐
하루에 드시는 기호 식품은?	담배 갑	커피 잔	
	술 병	간식류	
좋아하는 음료수는?	탄산 ☐	과즙 ☐	우유 ☐
	생수 ☐	기타 ☐	
좋아하는 가공식품은?	라면 ☐	치킨 ☐	피자 ☐
	과자 ☐	삼겹살 ☐	
식 습관은?	싱겁게 ☐	짜게 ☐	
	맵게 ☐	보통 ☐	
운동은 얼마나 하십니까?	매일 ☐	일주일에 번 ☐	
	한 달에 번 ☐	안 한다 ☐	
현재 하고 있는 운동은?			
체형은?	마른 편 ☐	보통 ☐	약간 비만 ☐
	복부 비만 ☐	매우 비만 ☐	고도 비만 ☐
다이어트 경험은?		있다 ☐	없다 ☐
희망하는 감량은?		kg	
현재 먹고 있는 건강보조식품은?		있다 ☐	없다 ☐
현재 먹고 있는 약은?		있다 ☐	없다 ☐
현재 치료 중인 질병은?		있다 ☐	없다 ☐

5장 질병을 뛰어넘어

건강관리와 해독을 위한 설문 2

소화기 계통	1차	2차	3차	머리 및 호흡기	1차	2차	3차
1. 소화가 잘 안 되고 트림을 자주 한다.				1. 습관성 두통 및 편두통이 있다.			
2. 위 십이지장 궤양이 있다.				2. 머리카락이 많이 빠진다.			
3. 식도염, 위염, 장염 증상이 있다.				3. 감기에 자주 걸린다.			
4. 평소 속이 쓰리고 아프다.				4. 편도선이 자주 붓는다.			
5. 배에 항상 가스가 찬다.				5. 자주 숨이 차고 한숨 등 호흡이 힘들다.			
6. 변비에 시달리고 있다.				6. 해소, 천식(기침, 가래)이 있다.			
7. 배변 후에도 아랫배가 무겁고 답답하다.				7. 축농증, 비염, 기관지염이 있다.			
8. 배변 주기가 일정하지 않거나 설사를 자주 한다.				8. 코, 목이 자주 마르며 답답하다.			
9. 치질이 있다.				9. 폐가 좋지 않거나 폐결핵을 앓은 적이 있다.			
10. 식욕이 없다.				10. 가슴이 답답하며 통증을 자주 느낀다.			
11. 항시 입안이 텁텁하다.				11. 알레르기가 있다.			
12. 소화제를 자주 복용한다.							

순환기 내분비	1차	2차	3차	관절 및 피부	1차	2차	3차
1. 고혈압 또는 저혈압이다. (수치: /)				1. 신경통이 심하다.			
2. 현기증을 심하게 느끼거나 가끔 어지럽다.				2. 날씨 변화에 따라 뼈마디가 쑤시고 아프다.			
3. 손발이 차고 저리며 다리가 무겁고 힘이 없다.				3. 어깨와 목 주변이 무겁고 아프다.			
4. 얼굴, 손발이 자주 붓는다.				4. 류머티즘 관절염, 퇴행성 관절염을 앓고 있다.			
5. 가슴이 두근거리며 작은 일에도 잘 놀란다.				5. 알레르기(건선 아토피) 피부로 고생한다.			
6. 소변이 시원하지 못하다.				6. 피부가 자주 가렵고 두드러기가 난다.			
7. 소변이 맑지 못하고 냄새가 많이 난다.				7. 피부가 건조하며 당긴다.			
8. 콜레스테롤 수치가 높다. (수치: /)				8. 화장이 잘 받지 않는다.			
9. 당뇨가 있다. (수치: 공복 시)				9. 평소 혈색이 좋지 않다.			
10. 생리가 불순하며 심한 생리통에 시달린다.				10. 평소 피부가 좋지 않다고 생각한다.			
11. 유산한 적이 있거나 임신이 잘 안 된다.				11. 피부와 안구가 노랗고 황달이 있다.			
12. 간염(B형)이 있다. (GOT: / GOP:)				12. 이가 시리고 잇몸 질환이 있다.			
13. 간 기능이 좋지 않고 지방간이다.				13. 허리, 목 디스크가 있으며 골다공증이 있다.			
14. 뒷골이 뻣뻣하다							

신경 계통	1차	2차	3차	일상의 건강	1차	2차	3차
1. 불면증에 시달리고 있다.				1. 몸이 항상 무겁고 피곤하다.			
2. 스트레스가 쌓이는 편이다.				2. 휴식을 취해도 피로가 풀리지 않는다.			
3. 건망증(기억력 감퇴)을 많이 느낀다.				3. 수면 부족이 아닌데도 항상 졸리다.			
4. 정신이 산만하며 집중이 잘 안 된다.				4. 아침에 일어나기 어렵다.			
5. 신경질적일 때가 잦다.				5. 뚱뚱한 편이다 / 마른 편이다.			
6. 마음의 불안함을 많이 느낀다.				6. 과음한 다음 날에는 음주 후유증이 심하다.			
7. 마음이 외롭고 공허하다.				7. 가족 중에 아픈 사람이 있다.			
8. 귀 울림 현상이 있다 (이명).				8. 아침에 양치질을 할 때 구역질이 심하다.			
9. 우울증 증세가 있다.				9. 잘 때 코를 골거나 이를 간다.			
				10. 시력이 부쩍 약화되었다.			
				11. 최근에 수술한 적이 있다.			

🌿 성경적 건강관리 지도자 아카데미 과정 출석표

수강번호		성명		생년월일	
1회	2회	3회	4회	5회	6회
7회	8회	9회	10회	11회	12회
13회	14회	15회	16회	17회	18회
19회	20회	21회	22회	23호;	24회

🌿 성경적 건강관리 지도자 아카데미 수료를 위한 안내

1. 수강 기간: 24회(1회 2시간 기준)
    * 교재 뒷면 출석부에 필히 출석 도장을 받을 것
2. 수료증 신청 시 제출 서류
    * 주민등록증 사본 1부, 본인 통장 사본 1부, 증명사진 1장
3. 수료자 인증 평가 기준
    * 출석 40점, 양육 30점, 필기시험 30점(도합 70점 이상자 합격)

🌿 질병 치유를 위한 필독서 및 참고 문헌

성경

신야 히로미. 《병 안 걸리고 사는 법》. 이근아 역. 서울: 이아소, 2009.

아보 도오루 외. 《新면역혁명》. 박주영 역. 서울: 중앙생활사, 2010.

아보 도오루. 《약을 끊어야 병이 낫는다》. 조영렬 역. 서울: 부광, 2004.

송숙자, 최선혜.《음식으로 병을 고친다》. 서울: 시조사, 2006.

닥터 월렉.《죽은 의사는 거짓말을 하지 않는다》. 박우철 역. 서울: 꿈과 의지, 2002.

린다 캐스터.《부인할 수 없는 하나님의 길》. 조병철·엄정섭 역. 서울: 도서출판 만나창고.

금식이 답이다! 빛과 소금이 약이다!

1판 1쇄 인쇄 _ 2024년 9월 30일
1판 1쇄 발행 _ 2024년 10월 5일

지은이 _ 박성민
펴낸이 _ 이형규
펴낸곳 _ 쿰란출판사

주소 _ 서울특별시 종로구 이화장길 6
편집부 _ 745-1007, 745-1301~2, 743-1300
영업부 _ 747-1004, FAX 745-8490
본사평생전화번호 _ 0502-756-1004
홈페이지 _ http://www.qumran.co.kr
E-mail _ qrbooks@daum.net / qrbooks@gmail.com
한글인터넷주소 _ 쿰란, 쿰란출판사
페이스북 _ www.facebook.com/qumranpeople
인스타그램 _ www.instagram.com/qrbooks
등록 _ 제1-670호(1988.2.27)
책임교열 _ 강찬휘·이주련

ⓒ 박성민 2024 ISBN 979-11-6143-990-7 03230

책값은 뒤표지에 있습니다.
이 출판물은 저작권법에 의해 보호를 받는 저작물이므로 무단 복제할 수 없습니다.
파본(破本)은 구입처에서 교환해 드립니다.